Sabine Jözwiak / Ulrich Gries

Die schönsten Radtouren
Berlin
per Rad entdecken

Impressum:

Buch- und Umschlaggestaltung: Green Tomato, Bielefeld

Titelfoto: Ulrich Gries

Fotos: Ulrich Gries, Sabine Jözwiak, Presse- und Informationsamt des Landes Berlin/ G. Schneider/ Landesarchiv Berlin/ J. Gläser/ Thie et al.

Kartographie: Bielefelder Verlag

Druck: Klingenberg Buchkunst Leipzig

ISBN: 3-87073-323-3

Auch wenn Berlin dem Mythos nach verdammt ist, immer zu werden und nie zu sein, ist die Zeit des großen Bauens erst einmal vorbei. Zeit also innezuhalten und in Ruhe zu betrachten, was die Metropole an der Spree heute zu bieten hat. Wer lange nicht mehr Berlin besucht hat, wird die Stadt kaum wieder erkennen, besonders den Osten: Farbig herausgeputzte Fassaden, frisches Leben und neue Ideen haben ihre Wirkung nicht verfehlt. Kein Wunder, dass Berlin gerade für junge Menschen attraktiv ist. Hier lassen sich manche Ideen noch immer schnell und relativ unbürokratisch verwirklichen. Jung und dynamisch - so bilden Hochglanz-Magazine und Prospekte die Stadt gerne ab. Das ist aber nur ein Teil der Wahrheit. Berlin ist auch gezeichnet, hat alle Höhen und Tiefen der deutschen Geschichte miterlebt. Es ist eine Stadt mit vielen Gesichtern. Nur wenige Meter voneinander entfernt laufen parallel völlig unterschiedliche Lebenswelten ab. Die Grenzen sind heute unsichtbar, die brutale Trennlinie der Berliner Mauer ist verschwunden. Nur an wenigen Stellen lässt sich die überwundene Teilung noch im Stadtbild ablesen. In den Köpfen ist das oft anders. Grund genug, sich auf Entdeckungsreise zu begeben und sich selbst ein Bild davon zu machen, was gewesen ist, was wird und was vielleicht werden mag.
Dafür bietet sich das Fahrrad geradezu an. Vielleicht ist es sogar die beste Art und Weise, um Berlin nahe zu kommen. Man muss nur wissen, wie und wo es am besten lang geht. Das wollen wir Ihnen zeigen. Aus diesem Grund haben wir für Sie die schönsten Radtouren durch das Stadtgebiet von Berlin zusammengestellt.

Die schönsten Radtouren durch Berlin

Auf den Touren lernen Sie die vielen Facetten und Gesichter der Metropole kennen. Eine erste Annäherung bieten bezirksübergreifende Routen. Auf dem Programm stehen hierfür vor allem die Klassiker in Ost und West. Diese können Sie »Unter den Linden« finden; auch der Kurfürstendamm oder das mondäne Leben rund um die Hackeschen Höfe sind Ziel dieser Rundtouren. Danach können Sie Ihre Eindrücke vertiefen und z. B. die charakteristischen Berliner Quartiere entdecken. Eine Alternative bieten von jeher die Kieze Kreuzberg oder der Prenzlauer Berg. Dabei führen die Routen auch zu »geheimeren« Orten, stillen Hinterhöfen und netten Cafés.
Viele Touren lassen sich auch miteinander verknüpfen. So wurden etwa der ehemals westliche Bezirk Kreuzberg und das alte östliche Friedrichshain zu einem neuen Bezirk verschmolzen, und die

Kreuzberg-Route lässt sich in Friedrichshain (Tour »Good bye Lenin?«) fortsetzen. Auch unsere »Berliner Mauer Tour« bietet diese Möglichkeit. Der Abschnitt führt zu den Orten, wo sich die großen Ereignisse an der Grenze zwischen Ost- und West-Berlin abgespielt haben.

Radfahren in der Stadt

Radfahren liegt auch in Berlin im Trend. Fast jede größere Straße verfügt über einen Radweg bzw. -streifen. Wir haben bei der Ausarbeitung aber darauf geachtet, hauptsächlich auf Nebenrouten zum Ziel zu gelangen. Immer wieder führt die Strecke an Wasserläufen vorbei, durchquert Parks und Plätze, die Erholung verschaffen. Größere Steigungen sind nicht zu erwarten. Bequeme Stadträder mit drei oder mehr Gängen sind für alle Touren völlig ausreichend. Auch wenn die Touren auf den ersten Blick nicht lang erscheinen, sollten Sie genügend Zeit einplanen, denn zum Stadterlebnis gehören unbedingt auch Pausen an den stimmungsvollen Plätzen, wo man die Atmosphäre genießen und seine Eindrücke verarbeiten kann. Und wenn Sie Lust haben, in einem der zahlreichen Straßen-Cafés oder Restaurants einzukehren, finden Sie in diesem Band zahlreiche Empfehlungen und Tipps.

Rad und öffentliche Verkehrsmittel

Die Mitnahme des Fahrrades in S- und U-Bahn, in Straßenbahnen oder Zügen des Regionalverkehrs ist rund um die Uhr möglich. Neben einem Fahrschein für Sie selbst müssen sie zusätzlich ein Fahrradticket lösen. Die Tickets erhalten Sie an Automaten in den Bahnhöfen. Informationen erteilen die Berliner Verkehrsbetriebe (BVG), Tel. 030 / 19 44 9, www.bvg.de.

Gebrauch dieses Führers

Alle Touren starten und enden an Bahnhöfen der U- bzw. S-Bahn. Ein einführender Text stimmt Sie auf Tour und Thema ein. Im Informationskasten erhalten Sie spezielle Infos und Tipps zur jeweiligen Tour, deren Verlauf auf einer Karte eingetragen ist. Markante Orientierungspunkte und besondere Sehenswürdigkeiten sind durchnummeriert. Wegbeschreibungen sind gelb unterlegt. Der Begleittext gibt Ihnen Erklärungen zu den Sehenswürdigkeiten entlang der Strecke.

TEGELER
SEE
Tegelort
Jungfern-
heide
Reinicken-
dorf
111
Hohenzollernkanal
Siemensstadt
100
Spree
100
Entlang der
Spree
Charlottenburg
City West
2/5
Landwehr-
Wilmersdorf
Grunewald
115
Grunewald
Schöne-
berg
100
104
103
Radtouren
mit Start-/Zielpunkt
Autobahn
Fernstraße
Bahnlinie

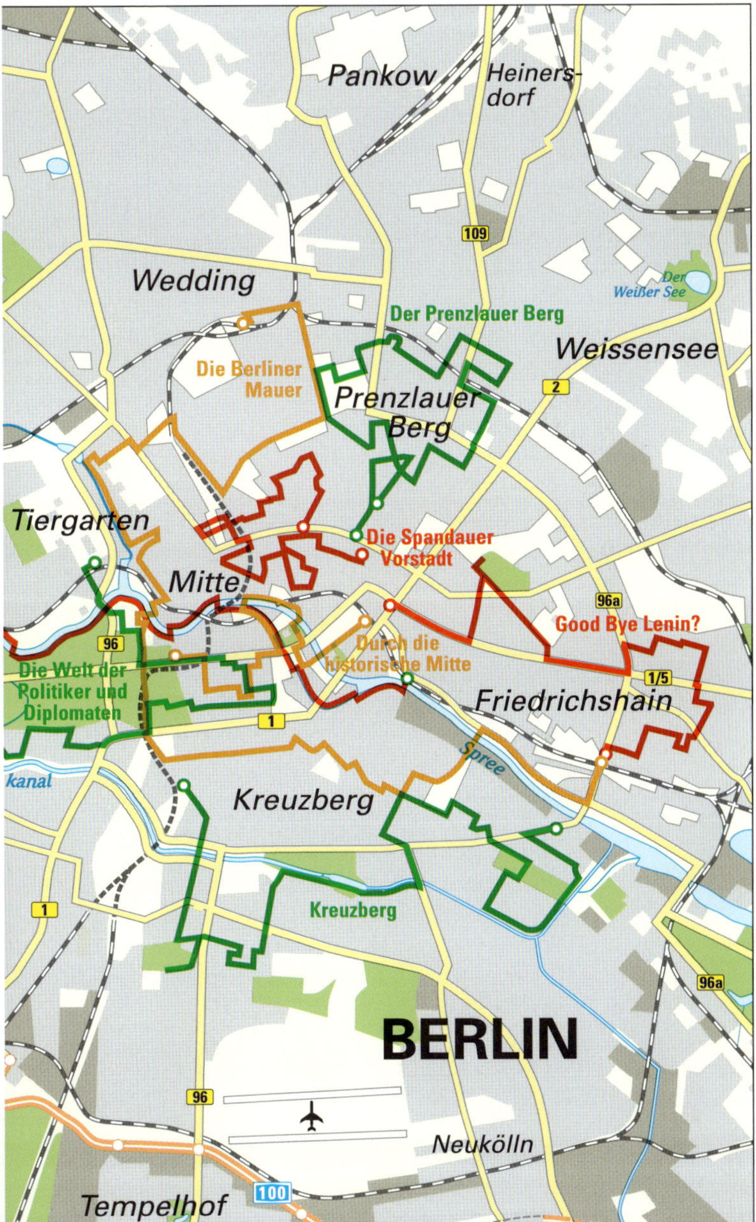

Pankow
Heinersdorf
109
Wedding
Der Weißer See
Der Prenzlauer Berg
Weissensee
Die Berliner Mauer
Prenzlauer Berg
2
Tiergarten
Die Spandauer Vorstadt
Mitte
96a
Good Bye Lenin?
96
Durch die historische Mitte
Die Welt der Politiker und Diplomaten
1/5
Friedrichshain
1
Spree
kanal
Kreuzberg
Kreuzberg
1
96a
BERLIN
96
Neukölln
Tempelhof
100

Tipps

Karten

Für die Berliner Innenstadt gibt es eine Fülle von Stadtplänen, die jedoch nicht speziell für Radfahrer ausgelegt sind. Im Bielefelder Verlag ist die ADFC Regionalkarte Berlin im Maßstab 1:75.000 erschienen, die mit diesem Buch abgestimmt ist.

Fahrradvermietung und -service

Wer kein eigenes Rad zur Verfügung hat, kann bei einem der zahlreichen Fahrradvermieter ein Rad mieten. Auskünfte darüber und über den Berlin Tourismus generell erteilt:

BTM - Berlin Tourismus Marketing GmbH
Am Karlsbad 11
10785 Berlin
Tel. 030 / 25 00 25
www.berlin-tourist-information.de

Call a Bike

Mieträder der Deutschen Bahn finden Sie an fast jeder Straßenkreuzung. Die Deutsche Bahn bietet im Innenstadtbereich von Berlin das innovative Mietradsystem »Call a Bike« an. Tag und Nacht stehen spezielle Fahrräder an jeder größeren Kreuzung bereit, die man per Telefonanruf mieten kann. Abgerechnet wird im Minutentakt. Um diesen Service zu nutzen, muss man sich vorher registrieren lassen (Tel. 0 700 / 05 22 55 22). Nähere Informationen und Onlineregistrierung unter www.callabike.de.

Geführte Stadtrundfahrten

Stadtrundfahrten und Sightseeing-Touren per Fahrrad bieten in Berlin mehrere Veranstalter an. Informationen erteilt Ihnen die BTM. Wenn Sie als Familie, Freundesgruppe oder Firma Berlin per Rad entdecken wollen, wenden Sie sich z.B. an:

zweitrad.touren
Fahrradvermietung und
Stadtführungen mit dem Rad
Fehrbelliner Str. 82
10119 Berlin (Mitte)
Tel. 030 / 53 64 82 89
www.zweitradtouren.de

ADFC - Allgemeiner
Deutscher Fahrradclub Berlin e. V.
Brunnenstr. 28
10119 Berlin (Mitte)
Tel. 030 / 4 48 47 24
www.adfc-berlin.de

Neben geführten Touren erhalten Sie dort auch nähere Informationen, Bücher und Karten zum Thema Radfahren in Berlin und Brandenburg.

Die historische Mitte: Vom Roten Rathaus zum Brandenburger Tor

Alexanderplatz - Schlossplatz - Museumsinsel - Gendarmenmarkt - Pariser Platz

Im Bezirk Mitte finden sich die meisten Berliner »Klassiker«. Auch wenn Krieg und Moderne Schneisen geschlagen haben, lohnt sich eine Rundfahrt durch das historische Zentrum der Stadt, das heute durch unzählige Neubauten ergänzt wurde. Die Hohenzollern ließen sich hier im Laufe der Jahrhunderte prächtige Repräsentationsbauten errichten. Nicht alle überstanden Krieg und Nachkriegszeit. In der ehemaligen DDR wurde nur ein Teil der angeschlagenen historischen Gebäudesubstanz genutzt und restauriert, anderes rigoros beseitigt. Und doch, nirgendwo in Berlin lässt sich die alte Residenz so großflächig erschließen wie hier. Unter den Linden ist immer noch, oder besser wieder eine Prachtmeile, und der Pariser Platz liegt schon längst nicht mehr einsam und verlassen im Schatten der Mauer. Alt und Neu gehen hier eine harmonische Synthese ein und leiten über zum neuen Regierungsviertel.

Gendarmenmarkt

Start:	*S-Bahnhof Alexanderplatz*
Ziel:	*S-Bahn Unter den Linden*
Streckenlänge:	*5 km*
Wegbeschaffenheit:	*überwiegend kleine, verkehrsarme Straßen, kurze Abschnitte auf verkehrsreichen Straßen der City*
Sehenswürdigkeiten:	*Rotes Rathaus, Schlossplatz, Lustgarten, Museumsinsel, Staatoper, Humboldt-Universität, Gendarmenmarkt, Unter den Linden, BrandenburgerTor*
Cafés / Restaurants:	*Coffee Shop im Auswärtigen Amt, Café Möhring (Gendarmenmarkt), Café Tucher (Pariser Platz) und viele weitere an der Strecke*
Anschlussmöglichkeiten:	*Vom Brandenburger Tor aus können Sie auch geradeaus die Str. des17. Juni (Radweg) bis zum S-Bhf. Tiergarten einschlagen und mit der Botschaftstour fortfahren.*

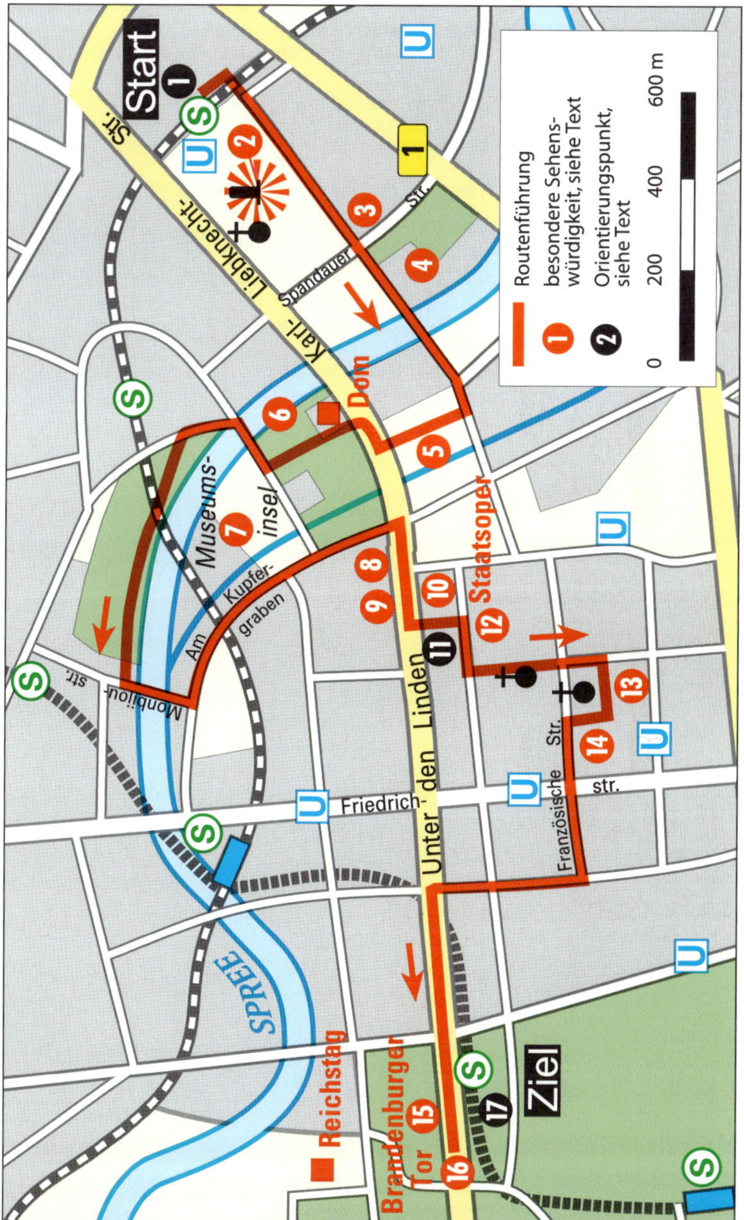
Start
Ziel
Karl-Liebknecht-Str.
Spandauer Str.
Dom
Museums-insel
Am Kupfer-graben
Monbijou-str.
Staatsoper
Unter den Linden
Friedrich-str.
Französische Str.
SPREE
Reichstag
Brandenburger Tor
Routenführung
besondere Sehenswürdigkeit, siehe Text
Orientierungspunkt, siehe Text
0 200 400 600 m

Die Tour auf einen Blick:

Nr.	km	Beschreibung
1		**Bahnhof Alexanderplatz** re. Berolina-Haus, re. Radweg, Blick auf Weltzeituhr, Bahnbrücke, an
2	0,2	**Fernsehturm** vorbei, *Rathausstr.*
3	0,5	**Rotes Rathaus**, *Rathausstr.* am
4	1,0	**Nikolaiviertel** vorbei, *Breite Str.*, re.
5		**Schlossplatz**, re. *Karl-Liebknecht-Str.*, li. über Fußgängerampel zum
6	1,3	**Berliner Dom**, li. *Am Lustgarten,* re. *Bodestr.*, Friedrichsbrücke, li *Burgstr.*
7	1,5	**Berliner Museumsinsel**, Monbijoupark, li. *Monbijoustr.*, Bodemuseum, li. *Am Kupfergraben, Pergamon-Museum, Neues Museum, Am Kupfergraben* vorbei am
8	2,7	**Zeughaus**, re. *Unter den Linden* (Busspur)
9		**Neue Wache**
10	2,9	**Deutsche Staatsoper**, li. über Fußgängerampel zum
11	3,0	**Bebelplatz**
12	3,1	**St.-Hedwigs-Kathedrale**, re. *Behrensstr.*, li. *Markgrafenstr.* bis
13	3,5	**Gendarmenmarkt**, re. *Charlottenstr.*, li. *Französische Str.* an
14	3,8	**Galeries Lafayette** über *Friedrichstr.*, re. *Glinkastr.*, **Komische Oper** (re.), li. *Unter den Linden* (Busspur)
15	4,7	**Pariser Platz und**
16	4,9	**Brandenburger Tor**
17	5,0	**S-Bahn-Station »Unter den Linden«**

Vom **Bhf. Alexanderplatz** 1 wählen wir den Hauptausgang zum *Alexanderplatz*, biegen sofort re. und fahren zwischen Berolina-Haus und Bahnhofsgebäude, bis wir auf einen Radweg stoßen, in den wir gleich nach re. einbiegen. Linker Hand fällt unser Blick noch kurz zurück auf die bekannte Weltzeituhr, ein Schmuckstück aus sozialistischen Tagen. Dem Radweg folgend, fahren wir unter der Bahnbrücke hindurch und
0,2 km haben freien Blick auf den **Fernsehturm** 2.

Der Alexanderplatz diente Döblin nicht zufällig als Sujet für seinen gleichnamigen Roman. Vor dem Zweiten Weltkrieg lagen unweit von hier die einfacheren Viertel und die halbseidene Welt Berlins. Nach dem Krieg glich die Gegend einer Trümmerwüste. Die DDR-Regierung nutzte nach der Teilung der Stadt die Chance, von vorne zu beginnen. Störende Reste wurden abgerissen, um den *Alexanderplatz*

Der Berliner Dom

zum Dreh- und Angelpunkt im Zentrum Berlins, Hauptstadt der DDR, auszubauen. Die Betonriesen wuchsen vor allem bis in die 1970er Jahre in den Himmel (s. Tour 8, Good bye Lenin?).

Wir lassen den Fernsehturm rechts liegen, folgen dem Radweg der *Rathausstr.* bis zum **Roten Rathaus** ❸, heute Sitz des Regierenden Bürgermeisters von Berlin. Auf der rechten Seite ist der **Neptunbrunnen** zu sehen; dahinter steht noch die Marienkirche - ein letzter Rest Mittelalter im modernen Häusermeer. Weiter geht es über die Ampel hinweg durch die *Rathausstr.* an der Wiege Berlins, dem **Nikolaiviertel** ❹, vorbei, dessen mittelalterliche Backsteinkirche durchaus einen Abstecher wert ist. Wir überqueren die Spree und biegen nach re. auf den **Schlossplatz** ❺ ein. Von der Mitte des Platzes aus können wir den Blick rundherum schweifen lassen.

0,5 km

1,0 km

Dass hier einmal ein Schloss stand, lässt sich kaum noch erahnen. Die ehemalige Hohenzollernresidenz wurde 1950 gesprengt. Stattdessen wurde 1976 der Palast der Republik auf dem ehemaligen **Schlossplatz** errichtet. Der »Palast« soll nun selbst wieder weichen, um Platz für einen Schlossneubau zu machen. Vom alten Schloss blieb nur das Portal IV erhalten und wurde in das Staatsratsgebäude der DDR integriert, weil vom Balkon des Portals Karl Liebknecht am 9. November 1918 die freie sozialistische Republik Deutschland ausgerufen hatte. Allerdings später als Philipp Scheidemann, der am Reichstag die demokratische Republik proklamierte. Re. davon können wir den Neubau des Auswärtigen Amtes sehen. Gleich dahinter erstreckt sich das ehemalige Reichsbankgebäude. Zu DDR-Zeiten saß dort Erich Honecker mit seinem Zentralkomitee der SED. Heute ist das Auswärtige Amt dort untergebracht.

Das Stadtschloss anno 1898

Wir verlassen den Schlossplatz rechts durch die *Karl-Lieb-*
1,3 km *knecht-Str.* in Richtung **Berliner Dom** 6 und gelangen über eine Fußgängerampel auf die gegenüberliegende Straßenseite. Wir
1,5 km befinden uns jetzt auf der **Museumsinsel** 7. Am Lustgarten vorbei fahren wir in Richtung **Alte Nationalgalerie**, davor biegen wir re. ab, überqueren die Spree und biegen li. in die *Burgstr.* Wenig

Alte Nationalgalerie

später biegen wir li. ab in den Park und folgen dem Weg parallel zum Spreeufer. Unter der **Bahnbrücke** hindurch gelangen wir in den **Monbijoupark**. Wir folgen dem Uferweg bis zur *Monbijoustr.*, dort geht es li. ab über Spree und Kupfergraben am **Bodemuseum** vorbei. Dahinter li. in die Straße *Am Kupfergraben,* vorbei am **Pergamon**- und **Neuen Museum**, dann am **Zeughaus** 8 vorbei bis zu Berlins schönster Flaniermeile *Unter den Linden*. 2,7 km

Die **Museumsinsel** ist ein Ensemble aus fünf unterschiedlichen, architektonisch bedeutsamen Museumsgebäuden, die zwischen 1830 und 1930 hier errichtet wurden. Die Alte Nationalgalerie gleicht einem griechischen Podesttempel und präsentiert Gemälde und Plastiken des 19. Jh. Den nördlichen Abschluss der Museumsinsel bildet das Bodemuseum. Das meistbesuchte Berliner Museum ist das jüngste auf der Insel, das Pergamon-Museum (Di - Sa 10 - 18 Uhr; Do bis 22 Uhr), das u. a. eine wertvolle Antikensammlung und den frisch restaurierten Pergamonaltar zu bieten hat. Das Neue Museum gilt als das Meiserwerk von August Stüler und wurde im Krieg stark beschädigt. Bis 1989 nur baulich gesichert, befindet es sich noch in der Renovierungsphase. Die

Museumsinsel wurde von der UNESCO zum Weltkulturerbe erklärt.

Das Deutsche Historische Museum im barocken **Zeughaus** hat seinen Umbau schon hinter sich und kann sich mit einem modernen Anbau des Stararchitekten Ieon Ming Pei, der auch die gläserne Louvre-Pyramide schuf, schmücken. Ein letzter Blick in Richtung Spree richtet sich auf die Schinkelsche Schlossbrücke. Die acht weißen Marmorfiguren sind erst nach Schinkels Tod hinzugefügt worden und zeigen den Lebensweg eines Helden. Es ist vielleicht die schönste Brücke Berlins.

Unter den Linden biegen wir re., fahren auf der Busspur, passieren gleich das auf der Südseite (li.) liegende ehemalige Kronprinzen-palais und das Kronprinzessinnenpalais, auf der Nordseite fällt unser Blick auf die **Neue Wache** ⑨. Wir fol-
2,8 km gen den Linden bis zur **Deutschen Staatsoper** ⑩ (li.).

Unter den Linden

Unter den Linden wird wieder flaniert. Die Straße führt bis zum **Brandenburger Tor** und diente ursprünglich als fürstlicher Reitweg vom Stadtschloss zum Tiergarten. Den Namen verdankt sie eine Anweisung des Großen Kurfürsten Friedrich Wilhelm im 17. Jh., das

Die Deutsche Staatsoper

der Reitweg mit Linden und Nussbäumen zu bepflanzen sei. Ihr baulicher Aufschwung ging mit der Gründung Preußens (1701) einher. Friedrich II., der »Alte Fritz«, ließ hier das geistige und künstlerische Zentrum Preußens, das Forum Fridericianum, entstehen. Die **Neue Wache** ist Schinkels erster Bau in Berlin und ein bedeutendes Werk des deutschen Klassizismus. Nach wechselvoller Geschichte ist sie heute »Zentrale Gedenkstätte der Bundesrepublik Deutschland für Opfer von Krieg und Gewaltherrschaft.«

In Höhe der **Deutschen Staatsoper** ⑩ biegen wir nach li., überqueren die Linden an der Fußgängerampel (absteigen) und gelangen zum **Bebelplatz** ⓫. 2,9 km 3,0 km

Zum Forum Fridercianum gehören die **Deutsche Staatsoper** (Lindenoper), die **St.-Hedwigs-Kathedrale**, die Alte Bibliothek, auch Kommode genannt, und auf der gegenüberliegenden Seite

das Prinz-Heinrich-Palais, heute Humboldt-Universität. Suchen Sie in der Mitte des **Bebelplatzes** das Kunstwerk »Die Versunkene Bibliothek« von Micha Ullmann, es mahnt an die hier von den Nationalsozialisten am 10. Mai 1933 organisierten Bücherverbrennungen.

Wir queren den Platz in Richtung **St.-Hedwigs-Kathedrale** 12, re. ab in die *Behrensstr.*, um gleich li. in die *Markgrafenstr.* zu biegen. Sie führt über die *Französische Str.* zum
3,1 km
3,5 km
Gendarmenmarkt 13. Nach dem ersten Kuppelbau, dem **Französische Dom**, biegen wir re. und halten vor dem Schauspielhaus, dem heutigen **Konzerthaus**.

Das Konzerthaus am Gendarmenmarkt

Die **St.-Hedwigs-Kathedrale** ist Sitz des Erzbischofs von Berlin und stammt aus der Zeit Friedrichs II. Nicht zufällig wurde sie nach der heilig gesprochenen Patronin Schlesiens benannt. Lange Kriege hatte Preußen um Schlesien ausgefochten. Die eigenartige Bauform erinnert an das Pantheon in Rom.

Die beiden Kuppelbauten des Deutschen und des Französischen Doms prägen den Charakter des **Gendarmenmarktes** maßgeblich. Am ältesten ist die Französische Kirche, die sich an den Französischen Dom anschließt. Beide erinnern an die tragende Rolle der Glaubensflüchtlinge für die Entwicklung Berlins nach dem Dreißigjährigen Krieg. Allen voran brachte der Zuzug der Hugenotten positive Impulse für Wirtschaft, Kultur und Lebensart. Im

Französischen Dom, dessen Turm man auch besteigen kann, ist ein Hugenotten-Museum untergebracht (Di - Sa 12 - 17 Uhr; So 11 - 17 Uhr). Das eindrucksvolle Ensemble wird durch das klassizistische Schauspielhaus von Schinkel (heute Konzerthaus) im Zentrum des Platzes geadelt.

An der Französischen Kirche vorbei erreichen wir die *Charlottenstr.*, re. ab. Bei nächster Gelegenheit li. in die *Französische Str.*, an den **Galeries Lafayette** (14) vorbei über die Friedrichstr. bis zur Glinkastr. Hier biegen wir re. ab, an der **Komischen Oper** (re.) vorbei bis zur Str. *Unter den Linden*, li. ab. Auf der Busspur radeln wir bis zum **Pariser Platz** (15) mit dem **Brandenburger Tor** (16).

3,8 km
4,7 km
4,9 km

Die *Friedrichstraße* wurde zum Sinnbild der temporeichen Lebenslust im Berlin der »Goldenen Zwanziger Jahre«. Varietés wie der berühmte »Wintergarten«, zahlreiche Theater, Cafés und verruchte Vergnügungsstätten lagen dicht nebeneinander. Wer ein bisschen Zeit mitbringt, kann hier besser zu Fuß flanieren. Besonders lohnt ein Besuch der **Galeries Lafayette**, des Französischen Kaufhauses in Berlin. Seine eigenwillige Innenarchitektur und das ausgesuchte Angebot an französischen Produkten ist beeindruckend.

Verschiedene Botschaften flankieren die Straße *Unter den Linden* (s. Tour 4).

Der 1734 angelegte **Pariser Platz** endet mit dem Wahrzeichen Berlins, dem **Brandenburger Tor**. 1788-91 von Carl Gotthard Langhans im Stil des Klassizismus erbaut, war es eins von insgesamt 18 Stadttoren. Der Weg durch das Tor führte einst direkt in das Jagdgebiet der Hohenzollern, den Tiergarten. Nach dem Mauerbau war dieser Bereich nicht mehr für die Öffentlichkeit zugänglich. Heute dürfen nur Fußgänger und Radfahrer wieder passieren. Rund um den schönen Platz sind auch die modernen Gebäude sehenswert, das Luxushotel Adlon, die Akademie der Künste, die DG-Bank, die Französische Botschaft und das Liebermann Palais direkt neben dem Tor.

Die **S-Bahn-Station »Unter den Linden«** ⓱ gegenüber dem Hotel Adlon bietet sich für die Rückfahrt an. 5,0 km

Pariser Platz mit Brandenburger Tor

City West:

Von der Kaiser-Wilhelm-Gedächtniskirche zum Schloss Charlottenburg

Hardenbergplatz - Viktoria Luise Platz - Ludwigkirchplatz - Savignyplatz - Sophie-Charlotte-Platz

Es war einmal eine Zeit, da glich West-Berlin einer Insel. Wie von einer stürmischen See umgeben, behauptete sich »Westberlin«, wie die Westsektoren in der DDR geschrieben wurden, gegen alle Bemühungen der Sowjetunion und der DDR, Berlin in ihrem Sinne wieder zu vereinigen. Nach Blockade, Mauerbau und anderen Schikanen behielt West-Berlin einen

besonderen Status und entwickelte sich anders als die Bun-desrepublik Deutschland. Das Leben als Inselbewohner, umgeben von der DDR, war nicht immer einfach, aber auch nicht ohne Reiz.

Das historische Zentrum der ehemaligen Reichshauptstadt lag im Ostteil der Stadt. Mit dem Kulturforum (Philharmonie, Staatsbibliothek, Neue Nationalgalerie) versuchte der Senat im Westen Berlins den Verlust kultureller Infrastruktur wettzumachen. Außerdem gründete man eine neue Universität (Freie Universität), baute ein neues Opernhaus (Deutsche Oper) und schuf den SFB (Sender Freies Berlin) und den RIAS (Rundfunk im Amerikanischen Sektor), die weit über die innerstädtische Grenze hinaus in die DDR sendeten und bald zu beliebten Sendern wurden.

Schloss Charlottenburg

Tour 2

Start	*Bahnhof Zoologischer Garten*
Ziel:	*U-Bahnhof Sophie-Charlotte-Platz*
Streckenlänge:	*10 km*
Sehenswürdigkeiten:	*Kaiser-Wilhelm-Gedächtniskirche, Elefantentor des Zoologischen Gartens, Kaufhaus des Westens (KaDeWe), Viktoria-Luise-Platz, Kurfürstendamm, Savignyplatz, Rathaus Charlottenburg, Schloss Charlottenburg*
Cafés/Restaurants	*Restaurants und Cafés befinden sich vor allem am Viktoria-Luise-Platz, am Ludwigkirchplatz und rund um den Savignyplatz sowie in der Kneesebeckstraße.*

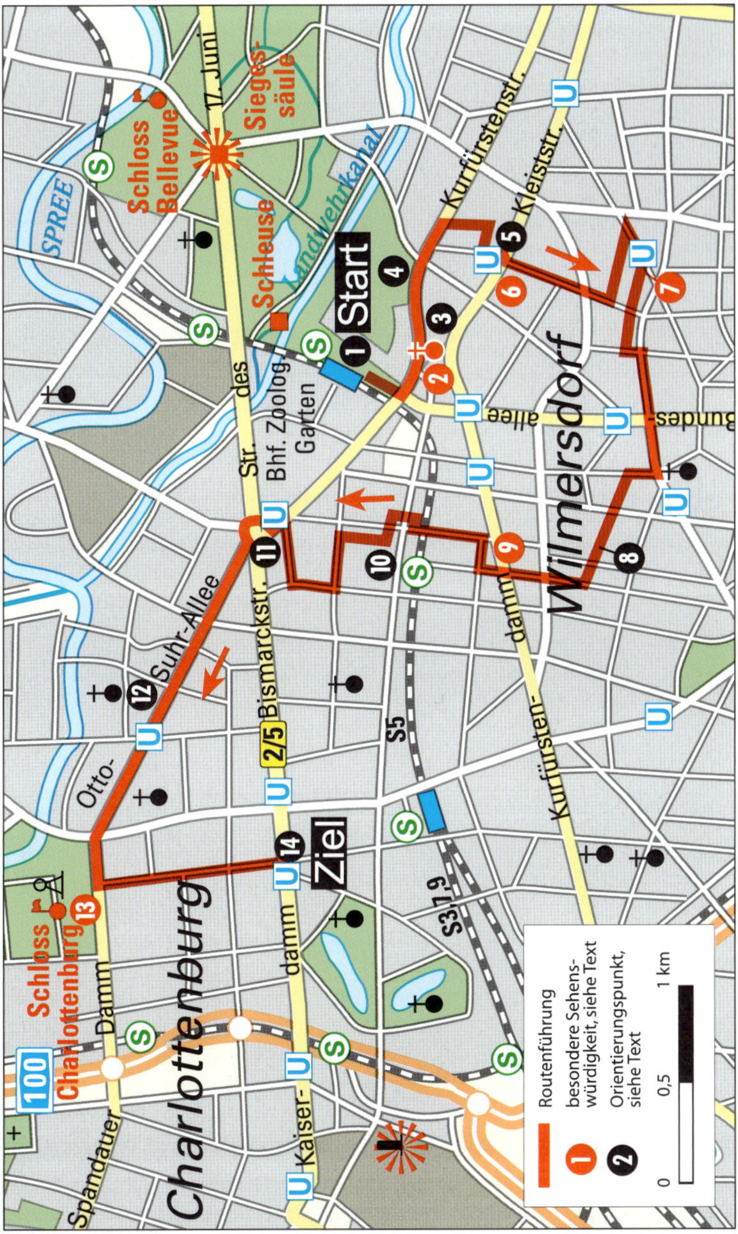
SPREE
Schloss Bellevue
17. Juni
Str. des
Siegessäule
Schleuse
Landwehrkanal
Start
Bhf. Zoolog. Garten
Kurfürstenstr.
Kleiststr.
Bundesallee
Wilmersdorf
Otto-Suhr-Allee
Bismarckstr.
2/5
S5
Ziel
S3,7,9
Kurfürstendamm
Charlottenburg
Schloss Charlottenburg
Spandauer Damm
Kaiserdamm
100
Routenführung
besondere Sehenswürdigkeit, siehe Text
Orientierungspunkt, siehe Text
0
0,5
1 km

Die Tour auf einen Blick:

Nr.	km	Beschreibung
1		**Bahnhof Zoologischer Garten** *(Hardenbergplatz)*, li. *Hardenbergstr.* bis *Breitscheidplatz* mit
2	0,4	**Kaiser-Wilhelm-Gedächtniskirche**,
3	0,6	**Europacenter** (mit Touristinformation der BTM), *Budapester Str.*,
4	0,75	**Elefantentor Zoologischer Garten**, *Kurfürstenstr.*, re. *Bayreuther Str.*,
5	1,3	**Wittenbergplatz** re., li. *Ansbacher Str.*,
6	1,45	**Kaufhaus des Westens (KaDeWe)**, weiter auf *Ansbacher Str.*, li. *Geisbergstr.*, re. *Motzstr.*,
7	2,6	**Victoria-Luise-Platz**, re. *Regensburger Str.*, li. *Grainauer Str.*, re. *Nachodstr.*, über *Bundesallee*, in *Hohenzollerndamm*, re. *Fasanenstr.*, li. *Pariser Str.*, über *Uhlandstr.* bis
8	4,1	**Ludwigkirchplatz**, *Pariser Str.*, re. *Sächsische Str.*, über Fußübergang *Lietzenburger Str.*, *Bleibtreustr.* über
9	4,8	**Kurfürstendamm** in *Bleibtreustr.*, re. *Mommsenstr.*, li. *Kneesebeckstr.* bis
10	5,4	**Savignyplatz** re. Platzverlauf folgen, über *Kantstr.*, re. *Knesebeckstr.*, *li. Goethestr., re. Schlüterstr., re. Schillerstr.*, Schillertheater, li. *Hardenbergstr.* (Fußweg) bis
11	6,75	**Ernst-Reuter-Platz**, re. *Otto-Suhr-Allee*,
12	8,1	**Rathaus Charlottenburg**, weiter *Otto-Suhr-Allee*, li. *Spandauer Damm*
13	9,0	**Schloss Charlottenburg**, li. *Schloßstr.* bis
14	10,0	**U-Bahnhof Sophie-Charlotte-Platz**

Vom Hauptausgang des **Bahnhof Zoologischer Garten** 1
(Hardenbergplatz) halten wir uns re. und biegen li. in die *Har-*
0,4 km *denbergstr.*, erreichen den **Breitscheidplatz** mit der **Kaiser-Wil-**
0,6 km **helm-Gedächtniskirche** 2 und gelangen zum **Europacenter** 3.

Der Bahnhof Zoo wurde 1882 als Ausflugsbahnhof erbaut. Der benachbarte, 1844 eröffnete Zoo ist der älteste in Deutschland. International bekannt wurde der Bahnhof vor allem als Ziel der Fernzüge nach West-Berlin. Wer den Bahnhof nicht kannte, erfuhr durch die Illustrierte »stern« von ihm. Die schonungslose Reportage über Drogenkonsum und Kinderprostitution »Wir Kinder vom Bahnhof Zoo« schockte Ende der 1970er Jahre die Bundesrepublik. Das darauf folgende Buch von Christiane F. wurde später auch ver-

Kaiser-Wilhelm-Gedächtnis-Kirche und Europa-Center

filmt. Die Zeiten haben sich geändert und die Szene hat sich z. T. woanders hin verlagert.

Am *Breitscheidplatz* in der Nähe erhebt sich mühsam die Ruine der **Kaiser-Wilhelm-Gedächtnis-Kirche**. Im November 1943 durch einen Bombenangriff zerstört, wurde die Turmruine erst Mahnmal und schließlich Wahrzeichen des westlichen Teils der Stadt Berlin. Die Diskussion um Abriss oder Wiederaufbau endete mit einem Kompromiss. So entstand die Mischform eines Neubaus (Eiermann) unter Einbezug der Ruinen.

Der *Breitscheidplatz* und das im Stil der »Wohlstandsarchitektur« errichtete **Europacenter** sind zwar in die Jahre gekommenen, beliebt ist das Ensemble trotzdem geblieben, vor allem bei Touristen.

Vor dem **Europacenter** ❸ halten wir uns li., gelangen auf den Radweg der *Budapester Str.*, dem wir an der Tourist-Info vorbei bis zur *Nürnberger Str.* folgen. Linker Hand haben wir 0,6 km

Das Elefantentor am Zoo

0,7 km Sicht auf das **Elefantentor des Zoos** ❹. Weiter geradeaus fahren wir auf der *Kurfürstenstr.* bis zur *Bayreuther Str.*, re. ab. Am
1,3 km **Wittenbergplatz** ❺ halten wir uns erst re. und später li. In die *Ansbacher Str.* und gelangen durch die »Fußgängerzone« über die Verkehrsinsel mit dem U-Bahnhof Wittenbergplatz hinweg
1,4 km zum **Kaufhaus des Westens** ❻.

Sehenswert ist der rekonstruierte Jugendstil-U-Bahnhof **Wittenbergplatz**. Gleich gegenüber liegt das **Kaufhaus des Westens**, kurz KaDeWe. Eine Legende. 2007 wird es seinen 100. Geburtstag feiern und strengt sich an, bis dahin das schönste Kaufhaus des Kontinents zu werden. Einen Besuch wert ist auf jeden Fall die legendäre Feinschmeckerabteilung in der 6. Etage.

1,4 km Am **KaDeWe** ❻ vorbei, fahren wir weiter auf dem Radweg der *Ansbacher Str.*, die aus dem Trubel heraus führt. Über die *Lietzenburger* und *Fuggerstr.* hinweg, biegen wir bei nächster Gelegenheit li. in die *Geisbergstr.* Ihr folgen wir zur *Motzstr.*, re. ab durch die verkehrsberuhigte Zone bis zum **Viktoria-Luise-**
2,6 km **Platz** ❼. Hier bietet sich hier eine gute Gelegenheit für eine Kaffeepause.

In der Kaiserzeit stand eine Prinzessin Pate für den großzügigen, denkmalgeschützten **Viktoria-Luise-Platz**, einem wahren Schmuckplatz in Schöneberg. Rund um den Platz herum zieren Fassaden die Gründerzeithäuser des Bayerischen Viertels. Hervorzuheben sind das Mietshaus Nr. 12a im Nürnberger Stil oder das repräsentative Schulgebäude des Lette-Vereins (Nr. 6), ein Bau des bedeutenden Berliner Architekten Alfred Messel. Viele Cafés und Restaurants haben sich hier angesiedelt.

Auf der westlichen Seite verlassen wir den **Victoria-Luise-** 2,6 km
Platz 7, biegen re. in die *Regensburger Str.* überqueren die *Bamberger Str.* und gelangen so nach Wilmersdorf, fahren weiter geradeaus bis zur *Grainauer Str.*, li. ab. Sie mündet auf die *Nachodstr.* Hier re. über die *Bundesallee* und weiter auf dem *Hohenzollerndamm.* Ein Schild weist uns den Weg zum **Ludwigkirchplatz**. Wir biegen re. in die *Fasanenstr.* und gleich wieder li. in die *Pariser Str.*, die über die *Uhlandstr.* zum **Ludwigkirchplatz** 8 führt. 4,1 km

Am **Ludwigkirchplatz** ist das Café Weyers ein guter Ort mit Terrasse und Blick auf die Backsteinkirche (Pariser Str. 16, Tel. 030 / 881 93 78).

Das KaDeWe

Der Bezirk Wilmersdorf liegt südlich vom **Kurfürstendamm** und ist eine beliebte Ausgehgegend mit Restaurants, Cafés und Kneipen. Die *Fasanenstraße* gilt als eine der teuersten Adresse der Stadt. Edle Boutiquen und Designer-Läden säumen die Shopping-Meile.

4,1 km Wir setzen unseren Weg entlang des **Ludwigkirchplatzes** ❽
fort und gelangen auf der gegenüberliegenden Seite wieder
auf die *Pariser Str.*, der wir bis zur *Sächsischen Str.* folgen, re. ab-
biegen und die schon bekannte *Lietzenburger Str.* erreichen, über-
4,8 km queren und bald auf der *Bleibtreustr.* den **Kurfürstendamm** ❾ er-
reichen.

Ursprünglich ein nach und nach ausgebauter Dammweg zum Jagdschloss Grunewald, wurde der **Kurfürstendamm** nach einer Idee Bismarcks ab den 1880er Jahren nach dem Vorbild der Pariser Champs-Elysées zu einem ca. 3,5 km langen Prachtboulevard umgebaut. In der Kaiserzeit lebten hier, im neuen Westen, gut betuchte Herrschaften in Wohnungen der prächtigen Vorderhäuser. 400 m² für eine Familie waren hier keine Besonderheit. Seinen neuen Reichtum wollte man auch zur Schau stellen.

Einkaufen und Flanieren, Unterhaltung und Zerstreuung, einfach schön leben, dafür boten zahlreiche Einrichtungen und Geschäfte auf dem Kudamm ihre Dienste an. Zu West-Berliner Zeiten legendär, ist der Glanz heute etwas verblasst. Es bleibt zu hoffen, dass die ersten leer stehenden Geschäfte bald wieder neue Mieter finden.

4,8 km Wir überqueren den **Kurfürstendamm** ❾ und setzen den
Weg in der *Bleibtreustr.* bis zur *Mommsenstr.* fort. Dort bie-
gen wir re. ab und kurz darauf li. in die *Knesebeckstr.* ein. Sie führt
5,4 km uns unter der **Bahnbrücke** hindurch zum **Savignyplatz** ❿.

Die Gegend rund um den grünen **Savignyplatz** eignet sich ideal zum Shopping. Hier gibt es noch kleine Fachgeschäfte; Straßencafés laden zum Verweilen ein. Prächtige Gründerzeitbauten mit schönen Stuckfassaden lassen erahnen, was für Wohnungen sich dahinter befinden.

5,4 km Wir halten uns am **Savignyplatz** ❿ re., folgen dem Platz-
verlauf über die *Kantstr.* hinweg bis wir re. in die *Knese-
beckstr.* einbiegen. Dann geht es li. in die *Goethestr.*, re. in die

Breitscheidplatz

Schlüterstr. und wieder re. in die *Schillerstr.*, der wir bis zur *Hardenbergstr.* folgen. Dort biegen wir li. und schieben das Rad wenige Meter bis zum **Ernst-Reuter-Platz ⓫**. 6,7 km

Rund um den autogerechten **Ernst-Reuter-Platz** tost der Großstadtverkehr. Gleich neben dem Verkehrsknotenpunkt befindet sich eines der großen Wissenschaftszentren Berlins mit Technischer Universität (TU) und Universität der Künste (UdK) sowie modernen Geschäfts- und Bürohäusern aus den 1960er und 1970er Jahren.

Wir umrunden den **Ernst-Reuter-Platz ⓫** zu drei Vierteln 6,7 km
und biegen re. in die *Otto-Suhr-Allee* ein. Auf dem Fahrradweg gelangen wir nach einem guten Kilometer zum **Rathaus Charlottenburg ⓬**. 8,1 km

Charlottenburg war zu Beginn des 20. Jh. die reichste Kommune Europas und sträubte sich als selbständige Großstadt gegen die Eingemeindung nach Groß-Berlin (1920). Das imposante **Rathaus Charlottenburg** mit seinem 89 m hohen Turm kündet vom Stolz der reichen Bürgerschaft.

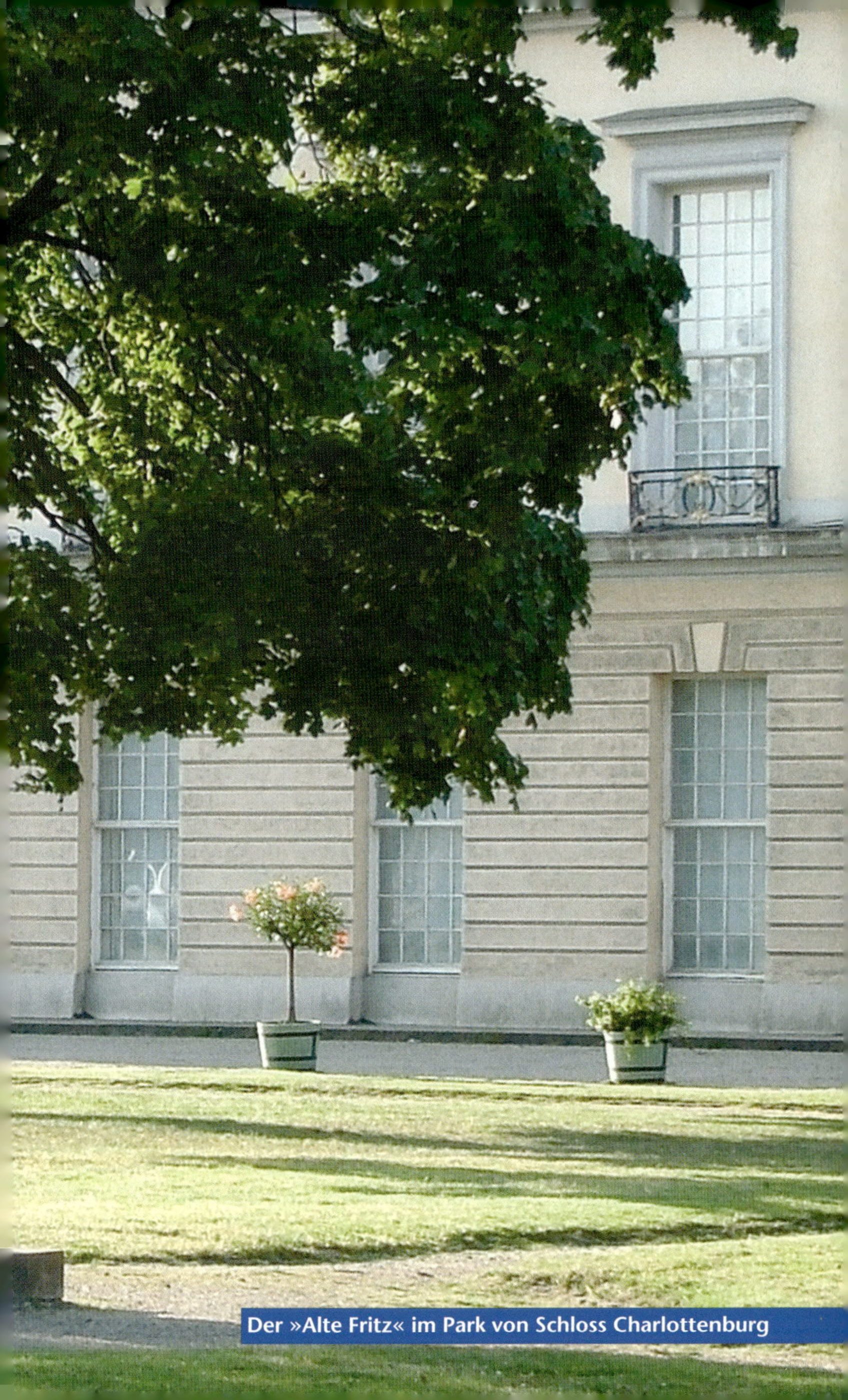

Der »Alte Fritz« im Park von Schloss Charlottenburg

9,0 km Weiter auf der *Otto-Suhr-Allee* gelangen wir zum *Spandauer Damm,* biegen li. auf den Radweg, der zum **Schloss Charlottenburg** ⓭ führt.

Da das Stadtschloss in Berlin-Mitte 1950 gesprengt wurde, ist das nach der Königin Sophie-Charlotte benannte Schloss die größte ehemalige Hohenzollernresidenz Berlins. **Schloss Charlottenburg** kann auf etwas mehr als 300 Jahre Geschichte zurückblicken und hat neben seinen barocken Bauformen auch einen einmaligen Barockgarten zu bieten. Für die Besichtigung der herrlichen Säle mit ihren langen Raumfluchten und wertvollen Kunstsammlungen sollte man etwas Zeit mitbringen. Daneben sind der **Schlosspark** mit Schinkel-Pavillon, Belvedere und Mausoleum für Königin Luise einen Besuch wert.

Alles zusammen ist nicht zu schaffen an einem Tag. Es lohnt sich wiederzukommen, auch um auf der gegenüberliegenden Seite des Schlosses weitere sehenswerte Ausstellungen zu besichtigen.

Das **Museum Berggruen** befindet sich im westlichen Stülerbau (Schlossstr. 1). 1996 kehrte der Sammler und Kunsthändler Heinz Berggruen mit seiner weltberühmten Sammlung der Klassischen Moderne »Picasso und seine Zeit« in die Stadt zurück (Museum Berggruen, Tel. 030 / 32 69 58 15, Di - So 10 - 18 Uhr).

Das benachbarte **Bröhan-Museum** ist Landesmuseum für Jugendstil, Art déco und Funktionalismus (Di bis So 10 - 18 Uhr; jeden ersten Mi im Monat Eintritt frei).

Der Östliche Stülerbau gegenüber dem Schloss, einst Kaserne der Leibwache der Preußenkönige, wird nach einer Umbauphase Raum für eine Sammlung der klassischen Moderne bieten. Jahrelang hatte Berlins prominenteste Schönheit, Nofretete, hier Asyl gefunden. Vor kurzem ist die alte Ägypterin in einer Nacht-und-Nebel-Aktion auf die Museumsinsel in Berlin-Mitte zurückgekehrt.

10,0 km Vom Schloss aus gelangen wir auf dem Radweg der *Schlossstr.* bis zum **U-Bhf. Sophie-Charlotte-Platz** ⓮.

Rathaus Charlottenburg

Berliner Mauer: Was ist geblieben?

Mauerpark - Charité - Brandenburger Tor-
Checkpoint Charly -East Side Galery

Am 13. August 1961, einem Sonntagmorgen, fingen DDR-Soldaten und Arbeitsbrigaden damit an, im Schutze sowjetischer Truppen Barrikaden aufzuschichten, Betonpfähle einzurammen und Stacheldrahtverhaue zu ziehen. Wenige Tage später begannen Bautrupps, den Stacheldraht durch eine Mauer aus Hohlblocksteinen zu ersetzen.
Fast 30 Jahre lang zog sich die Mauer innerstädtisch über 45 km zwischen West- und Ostteil der Stadt. Hinzu kamen die mit 115 km weitaus längeren Grenzbefestigungen, die den Westteil Berlins vom Brandenburger Umland trennten. Die künstlich geschaffenen Stadthälften gingen von 1961 bis 1989 eigene Wege. Ost-Berlin wurde endgültig Hauptstadt der DDR und als Schaufenster des Sozialismus hoch subventioniert. Die »Frontstadt« West-Berlin begriff sich in ihrer isolierten Insellage als einzige Großstadt der Bundesrepublik und behauptete sich dank der militärischen Präsenz der Alliierten und Subventionen über Jahrzehnte.

Heute fragen sich immer mehr Menschen, wo die »Mauer« denn eigentlich verlaufen ist, denn die Spuren sind häufig schon verwischt. Unsere Spurensuche per Fahrrad verknüpft aussagekräftige Stationen entlang der einstigen Grenze, wo sich durch Angebote wie z. B. das Mauerdokumentationszentrum oder das Museum am Checkpoint Charlie die Eindrücke noch vertiefen lassen.

Start	S-Bahnhof Bornholmer Str.
Ziel:	S- und U-Bahn Warschauer Str.
Streckenlänge:	ca. 17 km
Wegbeschaffenheit:	sehr unterschiedlich, zum Teil Kopfsteinpflaster, eine Wegweisung des Mauerradweges befindet sich in Planung.
Sehenswürdigkeiten:	Mauerpark - Versöhnungskirche - Gedenkstätte Bernauer Straße - Invalidenfriedhof - neues Regierungsviertel - Brandenburger Tor - Denkmal für die ermordeten Juden Europas - Potsdamer Platz - Topographie des Terrors - Checkpoint Charlie - East Side Gallery

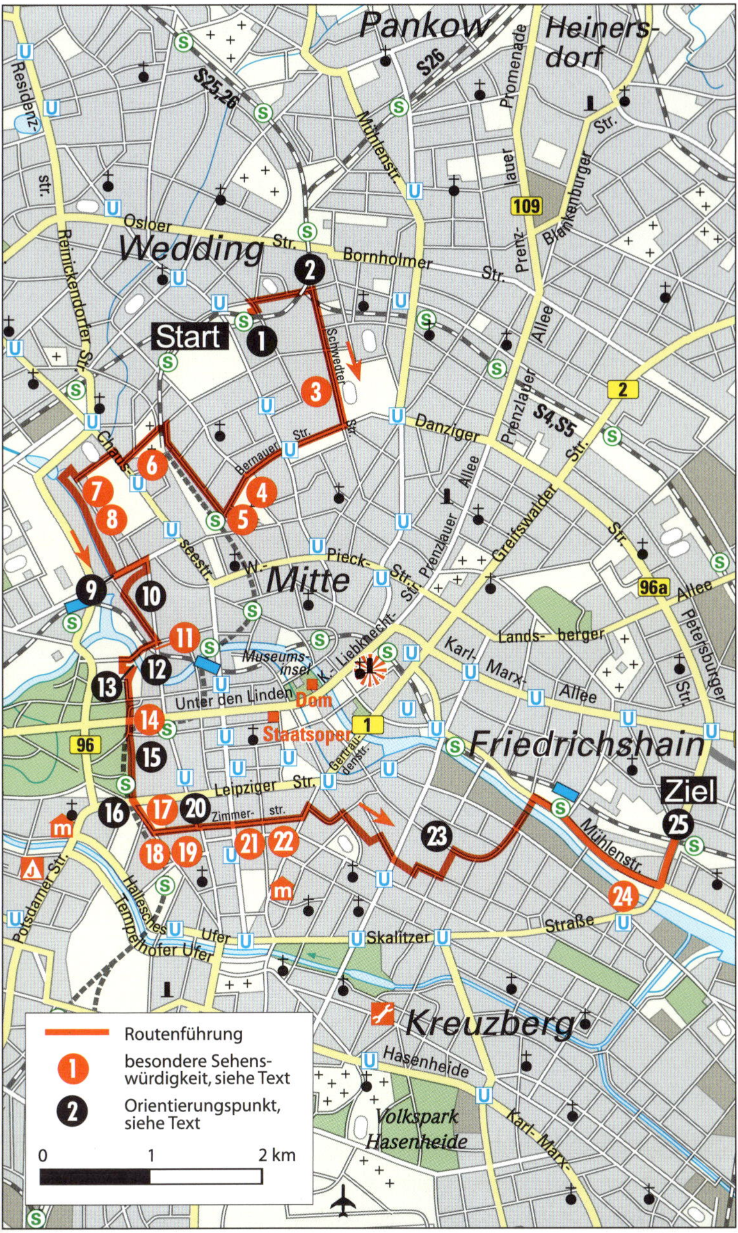
Pankow
Heinersdorf
Wedding
Mitte
Friedrichshain
Kreuzberg
Start
Ziel
Osloer Str.
Bornholmer Str.
Schwedter Str.
Bernauer Str.
Danziger Str.
Mühlenstr.
Prenzlauer Allee
Greifswalder Str.
Landsberger Allee
Karl-Marx-Allee
Unter den Linden
Leipziger Str.
Zimmerstr.
Skalitzer Str.
Hasenheide
Volkspark Hasenheide
Museumsinsel
Dom
Staatsoper
Routenführung
besondere Sehenswürdigkeit, siehe Text
Orientierungspunkt, siehe Text
0
1
2 km

Die Tour auf einen Blick:

Nr.	km	Beschreibung
1		**S-Bhf. Gesundbrunnen**, li. *Bellermannstr.*, Gesundbrunnen-Center, re. *Behmstr.*,
2	0,8	**Behmbrücke**, re. Radweg zur *Schwedter Str.*, über *Gleimstr.*,
3	1,2	**Mauerpark**, re. *Bernauer Str.*, über *Brunnen-* und *Strelitzer Str.* bis li.
4	2,9	**Kapelle der Versöhnung**, weiter auf Mauerstreifen, über *Ackerstr.*,
5	3,1	**Gedenkstätte Berliner Mauer**, li. *Bernauer Str.*, re. *Gartenstr.*, Nordbahnhof, Kreisverkehr, re. *Liesenstr.*, li.
6	4,5	**Friedhof der Französischen Gemeinde**, *Liesenstr.*, re. *Chauseestr.*, li. *Boyenstr.*, Einmdg. *Scharnhorststr.* re. unscheinb. Weg, *Panke*, li. Weg folgen bis **Berlin-Spandauer-Schifffahrtskanal**, Uferpromenade,
7	6,0	**Wachturm am Kieler Eck**, Uferweg,
8	6,1	**Invalidenfriedhof**, ehem. Kolonnenweg, Uferpromenade, **Bundesministerium für Wirtschaft und Arbeit (BMfWA)** bis
9	6,7	**Sandkrugbrücke** (ehem. Grenzübergang), li. *Invalidenstr.*, re. *Luisenstr.*, re. *Hannoversche Str.*,
10	7,2	**Charité**, *Virchowweg*, Ausgang über *Schumannstr.*, *Charitéstr.*, re. *Reinhardtstr.*,
11	8,3	Bundespressekonferenz, li. Str. *Kappelleufer*, li. **Denkmal »Parlament der Bäume gegen Krieg und Gewalt«**, über Steg vom
12	8,4	**Marie-Elisabeth-Lüders-Haus** zum **Paul-Löbe-Haus** li. am West-Eingang vorbei, li. *Paul-Löbe-Allee*,
13	8,8	**Reichstagsgebäude**, re. *Friedrich-Ebert-Platz* über *Scheidemannstr.* in *Ebertstr.*, li. durchs
14	9,4	**Brandenburger Tor**, *Pariser Platz*, zurück, li. *Ebertstr.*, vorbei am Tiergarten und
15	9,8	**Denkmal für die ermordeten Juden Europas**,
16	10,1	**Potsdamer Platz**, über *Potsdamer Str.*, *Stresemannstr.* (Pflastermarkierung), li. *Niederkirchner Str.*,
17	10,8	**Berliner Abgeordnetenhaus** (li.),
18	10,8	**Martin-Gropius-Bau** (re.),
19	11,1	**Topographie des Terrors** (re.),
20	11,2	**Bundesministerium der Finanzen** (li.), *Zimmerstr.* bis Kreuzung *Friedrichstr.*
21	11,5	**Checkpoint Charlie**, *Zimmerstr.*
22	12,0	**Axel-Springer-Haus**, li. *Axel-Springer-Str.*, re. *Kommandantenstr.* (Pflastermarkierung), li. *Alte Jakobstr.*, re. *Stallschreiberstr.* (Einbahnstr.), sofort li. auf parallelen Weg, li. *Alexandrinnenstr.*, re. *Sebastianstr.*, über *Heinrich-Heine-Str.*, Pflastermarkierung folgen, li. *Luckauer Str.*, re. *Waldemarstr.*, li. *Leuschner Damm* bis
23	14,0	**Engelbecken**, re. *Bethaniendamm*, über *Köpenicker Str.*, *Engeldamm* über Spree, re. *Stralauer Platz*, *Mühlenstr.* bis
24	16,0	**East Side Galery**, li *Warschauer Str.*
25	17,1	**S-Bhf. Warschauer Str.**

Vom **S-Bhf. Gesundbrunnen** ❶ Ausgang zur *Swinemünder Str.* Bei Swinemünder Brücke biegen wir li. in die *Bellermannstr.*, fahren am Gesundbrunnen-Center vorbei zur Kreuzung *Behmstr.*, re. ab. Wenig später gelangen wir auf dem Radweg über die **Behmbrücke** ❷. 0,6 km

Von der **Behmbrücke** aus hat man ein grandioses Panorama. Auf der linken Seite ist die Bösebrücke zu sehen. Hier war der erste Grenzübergang, wo sich am Abend des 9. November 1989 die Tore für Zehntausende DDR-Bürger öffneten. Sie kamen vom Prenzlauer Berg in den West-Berliner Bezirk Wedding, wo sie stürmisch begrüßt wurden.

Auf der anderen Seite der Brücke fügen sich die Mietshäuser des Prenzlauer Berg, der Friedrich-Ludwig-Jahn-Sportpark, der Mauerpark, die Bahnanlagen und der Fernsehturm zu einem Großstadtbild.

Am Ende der Brücke biegen wir nach re. ab und gelangen auf dem neu angelegten Radweg zur *Schwedter Str.* Dieser folgen wir bis zur *Gleimstr.* Über diese hinweg durch den **Mauerpark** ❸ (Berliner Mauerradweg) bis zur *Bernauer Str.* 1,2 km

Am Kinderbauernhof vorbei gelangen wir in den **Mauerpark**, eine Grünanlage, die heute die dicht besiedelten Stadtbezirke Mitte (Wedding) und Pankow (Prenzlauer Berg) verbindet. Die Max-Schmeling-Halle im Osten des Parks wurde für die erfolglose Berliner Olympiabewerbung errichtet. Das Gelände des »Parks« hat einige Metamorphosen durchgemacht. Ursprünglich

Ackerland, mussten junge Burschen seit Beginn des 19. Jh. hier stramm stehen und exerzieren. In direkter Nachbarschaft wurde bald darauf ein großer Güterbahnhof errichtet. Nach

dem Zweiten Weltkrieg lag die Fläche bis zum Mauerbau 1961 brach. Durch den Gleimtunnel sind heute Prenzlauer Berg und Wedding wieder wie früher verbunden, als die Arbeiter aus ihren Wohnbezirken im Prenzlauer Berg in die Fabriken von AEG & Co. in den Wedding liefen. Mitte der 1960er Jahre wurden dort die alten Mietskasernen und Fabriken abgerissen und durch moderne Varianten ersetzt, während man den Prenzlauer Berg auf der Ostseite sich weitgehend selbst überließ (s. Tour Prenzlauer Berg).

Mauerpark

1,2 km Der Weg durch den **Mauerpark** ③ endet an der *Bernauer Str.* Hier biegen wir nach re. ab und folgen dem Verlauf der Mauer (z.T. Pflastersteinmarkierung), die auf der linken Straßenseite verlief. Teilweise ist der ehemalige asphaltierte Kolonnenweg noch erhalten und befahrbar. Die Mauergrundstücke sind mittlerweile veräußert bzw. rückübertragen und als Privatgrundstücke nicht immer öffentlich zugänglich. Unser offizieller Weg führt daher über die *Bernauer Str.*

Bilder vom Mauerbau an der *Bernauer Straße* gingen um die Welt. Viele Menschen versuchten noch in letzter Minute zu fliehen und sprangen auf gut Glück in die ausgebreiteten Tücher der Feuerwehr. Am 15. August 1961 sprang hier auch VoPo Conrad Schumann über eine Stacheldrahtrolle in den Westen und ging in die Geschichte ein.

Auch später versuchten etliche Menschen, das innerstädtische Bollwerk zu überwinden. So erinnert eine Schautafel an der *Bernauer*/Ecke *Strelitzer Str.* an das spektakuläre Fluchtprojekt des »Tunnel 57« von 1964, das kürzlich auch verfilmt wurde. In 12 m Tiefe hatten sich junge Studenten erfolgreich 140 m weit durch den sandigen Untergrund gegraben.

Wir folgen weiter der *Bernauer Str.*, über die *Brunnen-* und *Strelitzer Str.* hinweg, bis auf der linken Seite unser nächster Haltepunkt, die **Kapelle der Versöhnung** ❹, erscheint. 2,9 km

Wo heute die **Kapelle der Versöhnung** steht, stand bis zu ihrer Sprengung 1986 die Versöhnungskirche isoliert im Todesstreifen. Die Kirche war seit dem Mauerbau für die Mitglieder der Weddinger Versöhnungsgemeinde nicht mehr zugänglich. 10 Jahre nach dem Fall der Mauer konnte das Richtfest der neuen Kapelle gefeiert werden. Ein Jahr später wurde der oval geformte Bau der Gemeinde übergeben. Der Ort ist heute Teil des Mauer-Gedenkstätten-Ensembles an der *Bernauer Str.* Eine Chronik bilden die interessanten Bilder, die am Kirchenzaun ausgestellt werden. Der ehemalige Grenzstreifen entlang der *Bernauer Str.* ist derzeit noch weitgehend unbebaut.

Wir folgen nun parallel dem Mauerstreifen bis zur *Ackerstr.*, die wir überqueren und fahren zur gegenüberliegenden **Gedenkstätte Berliner Mauer** ❺. 3,1 km

Nur an dieser Stelle ist die ehemalige Grenzanlage noch in voller Breite erhalten. Man braucht nicht viel Fantasie, um sich vorzustellen, welche Stimmung hier 28 Jahre lang herrschte. Grenzmauer, Todesstreifen, Postenweg und Hinterlandmauer werden nach wie vor von denselben Peitschenlampen beleuchtet.

Gegenüber dem Grenzstreifen informiert seit 1999 das Dokumentationszentrum zur Geschichte der Berliner Mauer über die Teilung der Stadt und die historischen Ereignisse in der *Bernauer Straße*. Es gibt hier auch einen Aussichtsturm (Gedenkstätte und Dokumentationszentrum Berliner Mauer, Bernauer Str. 111, 13355 Berlin, Tel. 030 / 464 10 30, www.berliner-mauer-dokumentationszentrum.de).

Wir folgen der *Bernauer Str.* bis zur Einmündung auf die *Gartenstr.* in der Nähe des Nordbahnhofes, biegen re. ab und fahren auf der stärker befahrenen *Gartenstr.* bis zu einem **Kreisverkehr**. Dort halten wir uns re., biegen hinter der S-Bahnbrücke re. in die *Liesenstr.* und gelangen zum
4,5 km **Friedhof der Französischen Gemeinde** 6.

Der **Nordbahnhof**, früher Stettiner Bahnhof, war ein typischer Berliner Kopfbahnhof und wurde im Zweiten Weltkrieg weitgehend zerstört. Züge verkehren mit Ausnahme der S-Bahnen allerdings nicht mehr. Nach 1961 hielt in diesem »Geisterbahnhof« kein Zug mehr aus West-Berlin.

Die traditionell vor den Toren Berlins angelegten Friedhöfe wurden bald wieder von der wachsenden Stadt eingeholt. Die historischen Friedhofsanlagen, unter ihnen der **Friedhof der Französischen Gemeinde** in der *Liesenstraße*, sind sehenswert (8.00 Uhr bis Einbruch der Dämmerung). Durch den Bau der Mauer wurden Teile des Friedhofes zum »Todesstreifen«. Historisch bedeutende Grabstellen wurden dafür eingeebnet, einer der ältesten Friedhöfe Berlins faktisch geschlossen. Angehörige durften den Friedhof nur mit Sondererlaubnis unter strenger Bewachung durch eine Hintertür betreten.

Wir folgen weiter der *Liesenstr.* bis zur *Chausseestr.*, re. ab und gleich wieder li. in die *Boyenstr.* Ihr folgen wir bis zur *Scharnhorststr.* und biegen re. in unscheinbaren Weg, der bis zum Fluss Panke führt. Hier halten wir uns li. und gelangen zum **Berlin-Spandauer-Schifffahrtskanal**, biegen li. und folgen der neu angelegten Uferpromenade. Sie führt an einem ehemaligen
8,0 km **Wachturm** 7 vorbei. Weiter geradeaus folgen wir dem Uferweg
8,1 km bis zur Einfahrt in den **Invalidenfriedhof** 8 (16.3. bis 30.9.: 7.00 bis 21.30 Uhr, 1.10. bis 15.3.: 7.00 bis 15.30 Uhr).

Die hübsche Uferpromenade führt zu einem original **Wachturm**, den der Grundstückseigentümer eigentlich abreißen lassen wollte. Unter Denkmalschutz blieb er als »Wachturm der ehemaligen Führungsstelle Kieler Eck« erhalten.

Schon in Friderizianischer Zeit begann die Geschichte des **Invalidenfriedhofes**. Er beherbergt noch immer einige bedeutende Grabdenkmale aus dem 18. und 19. Jh. Ihre letzte Ruhestätte fanden hier preußische Größen wie Graf Tauentzien oder die Ge-

Wachturm

neräle Winterfeldt und Scharnhorst. Nicht allen war eine ewige Ruhe vergönnt. Reihenweise wurden Gräber zur Errichtung des Todesstreifens und der Hinterlandmauer leer geräumt, um ein freies Beobachtungs- und Schussfeld zu schaffen. Heute stehen Mauerreste und der Friedhof gemeinsam unter Denkmalschutz.

Eine Gedenktafel erinnert an den Flüchtling Günter Litfin. Er starb im August 1961 von Kugeln getroffen in der Nähe, als er versuchte, den Humboldthafen zu durchschwimmen. Tote gab es auf beiden Seiten. Der 21-jährige Peter Göring hatte am 23. Mai 1962 am Invalidenfriedhof 44 Schüsse auf einen 14-jährigen Flüchtling abgegeben, der schwer getroffen zum Invaliden wurde. Ein West-Berliner Polizist erwiderte das Feuer, um das Leben des Fliehenden zu retten, und traf Göring tödlich. Eine Hinweistafel weist auf diesen Vorfall hin und stellt die Sichtweise von Ost und West dar.

Wir verlassen den Friedhof und folgen dem Uferweg weiter
auf der Promenade am **Bundesministerium für Wirtschaft und Arbeit (BMfWA)** vorbei. Die Promenade endet in
6,7 km Höhe der **Sandkrugbrücke** ❾ auf der *Invalidenstr.*

Die Fahrt über den Grenzübergang *Invalidenstraße* auf der **Sandkrugbrücke** war wegen seiner strengen Kontrollen für viele West-Berliner ein Alptraum. Schlimm erging es dort einer Gruppe von zwölf jungen Männern und Frauen aus Ost-Berlin, die 1963 mit einem Bus vergebens versuchten, die Grenzanlagen zu durchbrechen.

Auf der gegenüberliegenden Brückenseite stellt das **Museum für Gegenwart** im Hamburger Bahnhof moderne Kunst aus (u. a. die »Friedrich Christian Flick Collection«).

Wir biegen li. in die stark befahrene *Invalidenstr.*, am Wirtschaftsministerium vorbei bis zur Ampel, re. ab in die *Luisenstr.* Es folgt die *Hannoversche Str.*, re. ab und durch das Tor auf
7,2 km das Krankenhausgelände der **Charité** ❿ (öffentlich zugänglich).
Wir gelangen auf den *Virchowweg*, dem wir bis zum Ausgang *Schumannstr.* folgen. Über diese hinweg fahren wir in der *Charitéstr.* bis zur *Reinhardtstr.*, re. ab unter der **Bahnbrücke** hindurch und dahinter folgt das **Haus der Bundespressekonferenz** (li.), danach biegen wir kurz vor der **Kronprinzenbrücke** li. auf die Str. *Kappelleufer*. Li. können wir das **Denkmal »Parlament der**
8,3 km **Bäume gegen Krieg und Gewalt«** ⓫ sehen.

Die Universitätsklinik **Charité** ist Deutschland älteste medizinische Bildungsanstalt. Historische Backsteinfassaden prägen viele Gebäude dieser »Heil- und Lehranstalt«. Das **Gebäude der Bundespressekonferenz** dient primär den Printmedien als Bürostandort im Regierungsviertel. Ben Wargin hatte vor der Bebauung des Geländes hier das Kunstwerk **»Parlament der Bäume gegen Krieg und Gewalt«** als Mahnmal für die Toten von Krieg und Teilung errichtet. Auf künstlerisch gestalteten Mauersegmenten sind Jahr und Zahl der Mauertoten festgehalten.

Wir folgen der Idee der Architekten und vollziehen den Brückenschlag über den Steg von Ost und West. Auf der ge-
8,4 km genüberliegenden Spreeseite folgen wir der parallel zum **Paul-Löbe-Haus** ⓬ verlaufenden Str., biegen am Ende des Gebäudes

nach li. und fahren direkt am Westeingang des Regierungsgebäudes unter dem Vordach vorbei. Nach Passieren des Hauses biegen wir nach li. in die *Paul-Löbe-Allee*. Dieser folgen wir immer geradeaus am **Reichstagsgebäude** ⓭ (s. Tour 4, Botschaftentour) vorbei bis zum *Friedrich-Ebert-Platz*. Die **Freitreppe an der Spree** bietet sich als Halt an. 8,8 km

Eine Markierung des ehemaligen Mauerverlaufs weist uns jetzt den Weg. Mit Rücken zur Spree fahren wir an der rückwärtigen Fassade des Reichstagsgebäudes auf dem ehemaligen Mauerstreifen bis zur Ampelanlage, überqueren die *Scheidemannstr.* und folgen der *Ebertstr.* bis zum **Brandenburger Tor** ⓮. Hier biegen wir li. ab und gelangen durch das Tor auf den *Pariser Platz*. 9,4 km

Brandenburger Tor und Pariser Platz 1976

Carl Gotthard Langhans schuf von 1788 bis 1791 das **Brandenburger Tor**, das einzig erhaltene Stadttor Berlins und Symbol der wiedervereinten Stadt. Fast 30 Jahre war das Tor durch die Mauer verschlossen, der *Pariser Platz* war zu DDR-Zeiten unbebaut, heute ist er mit seinen schmucken Bankgebäuden, der Französischen Botschaft und dem vornehmen Hotel Adlon eine der beliebtesten Sehenswürdigkeiten in Berlin.

Nach einer kurzen Visite auf dem *Pariser Platz* fahren wir durch das Tor zurück und biegen li. auf den Fahrradweg der *Ebertstr.* Diese führt am Tiergarten und am **Denkmal für die er-
9,8 km **mordeten Juden Europas** ⓯ vorbei bis zum
10,1 km **Potsdamer Platz** ⓰. Direkt hinter dem Brandenburger Tor wird derzeit noch die Amerikanische Botschaft errichtet.

Das **Denkmal für die ermordeten Juden Europas** erinnert in zentraler Lage an das unvorstellbare Leid der Juden während des Zweiten Weltkrieges. Zwischen Brandenburger Tor und **Potsdamer Platz** befand sich nach dem Zweiten Weltkrieg nur noch eine Ruinenlandschaft. Der *Potsdamer Platz* lag später wüst und leer im Grenzraum. Doch keine 10 Jahre nach dem Fall der Mauer eröffneten DaimlerChrysler und, wenig später, Sony ihre neuen Niederlassungen. Heute erinnern nur noch ein Segment der Mauer vor dem Bahnhof Potsdamer Platz und die präsente Kopfsteinpflaster-Markierung an die Teilung der Stadt und daran, dass der *Potsdamer Platz* einst verwaist war.

Unser Weg führt über die *Potsdamer Str.* hinweg in die *Stresemannstr.* Wir folgen auf dem Radweg der Pflastermarkierung, biegen li. in die *Niederkirchner Str.* und fahren am
10,8 km **Berliner Abgeordnetenhaus** ⓱ (li.) vorbei. Gegenüber liegt der
Martin-Gropius-Bau ⓲. Wenig später streifen wir denkmalgeschützten Reste der Mauer und die Ausstellung **Topographie des**
11,1 km **Terrors** ⓳. Linker Hand in der *Wilhelmstr.* erstreckt sich das
11,2 km **Bundesministerium der Finanzen** ⓴.

Die nördliche Niederkirchner-Straßenseite gehörte zur DDR. Im ehemaligen **Abgeordnetenhaus** gründeten Karl Liebknecht und Rosa Luxemburg 1919 die KPD, Grund genug für die DDR, Teile des im Krieg zerstörten Baus wieder herzustellen. Nach der Wiedervereinigung der Stadt zog das Berliner Abgeordnetenhaus hier ein.

Mauerstück am Potsdamer Platz

Auf der gegenüberliegenden, ehemaligen West-Berliner Seite befindet sich der **Martin-Gropius-Bau**. Der bedeutende Gründerzeitbau diente während des Kaiserreiches als Kunstgewerbemuseum und wurde ebenfalls im Krieg beschädigt. In den späten 1970er Jahren wurde er wieder aufgebaut, heute finden hier große Sonderausstellungen statt.

Nebenan ist ein von »Mauerpickern« gezeichnetes Teilstück der Mauer stehen geblieben und muss heute selbst durch einen Zaun geschützt werden. In den dahinter liegenden Trümmern des Prinz-Albrecht-Palais dokumentiert die Ausstellung **Topographie des Terrors** das Wirken von Gestapo, SS und Reichssicherheitshauptamt.

Topographie des Terrors

Gleich gegenüber befand sich das Göringsche Reichsluftfahrtministerium, heute das **Bundesministerium der Finanzen** (Detlev-Rohwedder-Haus). Wie der Flughafen Tempelhof ist es ein Bau von Ernst Sagebiel und diente als »Haus der Ministerien« verschiedenen DDR-Behörden als Dienstgebäude. Pikanterweise zog 1990 die Treuhand-Anstalt in das Gebäude, in dem die DDR gegründet wurde, um die ca. 8000 Volkseigenen Betrieben (VEB) »abzuwickeln«.

11,5 km Weiter durch die *Zimmerstr.* gelangen wir zum einst legendären **Checkpoint Charlie** 21 an der *Friedrichstr.*

Checkpoint Charlie war als Grenzübergang allein Ausländern und Diplomaten vorbehalten. Die ausgedehnten Grenzanlagen sind verschwunden. Das legendäre Grenzkontrollhäuschen der amerikanischen Streitkräfte steht jetzt im Alliiertenmuseum (Berlin-Zehlendorf). Das heutige Wachhäuschen mit seinen zementgefüllten »Sand-säcken« ist nur eine Replik und ruft Erinnerungen an den Oktober 1961 hervor, als sich hier amerikanische und sowjetische Panzer in Sicht- und Schussweite gegenüberstanden. Wer mag, kann das private Mauermuseum am Checkpoint Charlie besuchen (tgl. 9.00 bis 22.00 Uhr, Haus am Checkpoint Charlie, Friedrichstr. 43 - 45, Tel. 030 / 253 725-0 www.Mauer-Museum.com).

Im Café Adler, wo man eine Pause einlegen kann, soll sich schon John le Caré Inspirationen für seine Agentenromane geholt haben.

Weiter auf der *Zimmerstr.* passieren wir das **Mahnmal für Peter Fechtner** (Zimmerstr. 26) und das **Axel-Springer-Haus** (22), biegen li in die *Axel-Springer-Str.* ein und bald re. in die 12,0 km
Kommandantenstr.

Bei der Flucht durch mehrere Schüsse getroffen, brach Peter Fechter 1962 hier schwer verletzt zusammen. Erst nach einer Stunde bargen Grenzposten den Verblutenden. Er starb. Nicht weit entfernt errichtete der Verleger Axel Springer sein Hochhaus, das **Axel-Springer-Haus**, das als Symbol der Meinungsfreiheit die Mauer überragte.

Einst und jetzt: Checkpoint Charlie

Auf der *Kommandantenstr.* biegen wir hinter der **Bundesdruckerei** li. in die *Alte Jakobstr.*, dann re. in die *Stallschreiberstr.* (Einbahnstr.), verlassen diese aber sofort nach li. auf den zunächst unbefestigten Weg, der in einen asphaltierten Weg parallel zur *Stallschreiberstr.* übergeht. Dieser endet an der *Alexandrinenstr.*, der wir nach li. folgen. Bei Mündung in *Sebastianstr.* re., über *Heinrich-Heine-Str.* weiter der Pflastermarkierung folgen. Bald li. in die *Luckauer Str.* Wenig später biegen wir re. in die *Waldemarstr.* Nach dem *Legiendamm* geht es li. auf dem Leuschnerdamm bis zum **Engelbecken** (23) (li.). Dort angelangt, 14,0 km
biegen wir re. in den Bethaniendamm, dem wir bis zur *Köpenicker Str.* folgen.

Am ehemaligen Grenzübergang *Heinrich-Heine-Str.* versuchten in den 1960er Jahren mehrmals Menschen per PKW bzw. LKW zu fliehen. Die Versuche endeten tragisch im Sperrfeuer der Grenzsoldaten.

Im 19. Jahrhundert plante Peter Joseph Lenné, Generaldirektor der königlich preußischen Gärten, den Ausbau der Luisenstadt. Der Luisenstädtische Kanal war früher mit dem **Engelbecken**, das erst seit den 1990er Jahren wieder mit Wasser gefüllt ist, verbunden. In seinem Bett blüht nun ein Rosengarten.

Über die Köpenicker Str. überqueren wir auf dem Engeldamm die Spree und fahren zum Stralauer Platz. Re. ab folgen wir dem Radweg, der sich in der Mühlenstr. fortsetzt und an der **East Side Galery** 24 vorbeiführt. Wir fahren weiter bis zur **Oberbaumbrücke**. 16,0 km

1990 gestalteten Künstler aus aller Welt das 1,3 km lange Mauerstück der **East Side Gallery.** Der Bruderkuss zwischen Honecker und Breschnew ist weltbekannt geworden. Die **East Side Gallery** endet an der im Stil der märkischen Backsteingotik gestalteten **Oberbaumbrücke**.

Zu Mauerzeiten für den Verkehr gesperrt und unzugänglich, rattert Berlins erste U-Bahn Linie, die U1, erst seit kurzem wieder zum **U-Bahnhof Warschauer Straße** 25, der linker Hand schnell zu erreichen ist. Wer mag, kann gleich den Ostteil der Stadt weiter erkunden (s. Tour 8, Good bye Lenin).

Oberbaumbrücke

Welt der Politiker und Diplomaten:

Durch die Viertel der Botschaften, Landesvertretungen und Regierungsbauten

Tiergarten - Potsdamer Platz - Gendarmenmarkt - Pariser Platz - Regierungsviertel

Die Botschaften der Welt, sie sind wieder in Berlin. Viele Länder haben die alten Standorte ihrer Repräsentanzen wieder belebt. Wie ein Märchenpalast wirkt die Botschaft der Vereinigten Arabischen Emirate. In der Nähe ruht eine Villa noch im Dornröschenschlaf.

Mittlerweile zeigen auch alle Bundesländer in der deutschen Hauptstadt Präsenz. Manche Landesvertretungen sind auch für die Öffentlichkeit zugänglich und verköstigen ihre Gäste sogar mit landestypischen Spezialitäten.

Neben den Botschaften und Landesvertretungen begegnen wir auf dieser Tour selbstverständlich auch den neuen Parlaments- und Regierungsbauten. Mit dem Fahrrad lässt sich das weiträumige Areal nicht nur hervorragend erschließen, es bietet auch unerwartete Perspektiven. Botschaften und Landesvertretungen zählen zu den spannendsten Objekten, die das neue Berlin zu bieten hat.

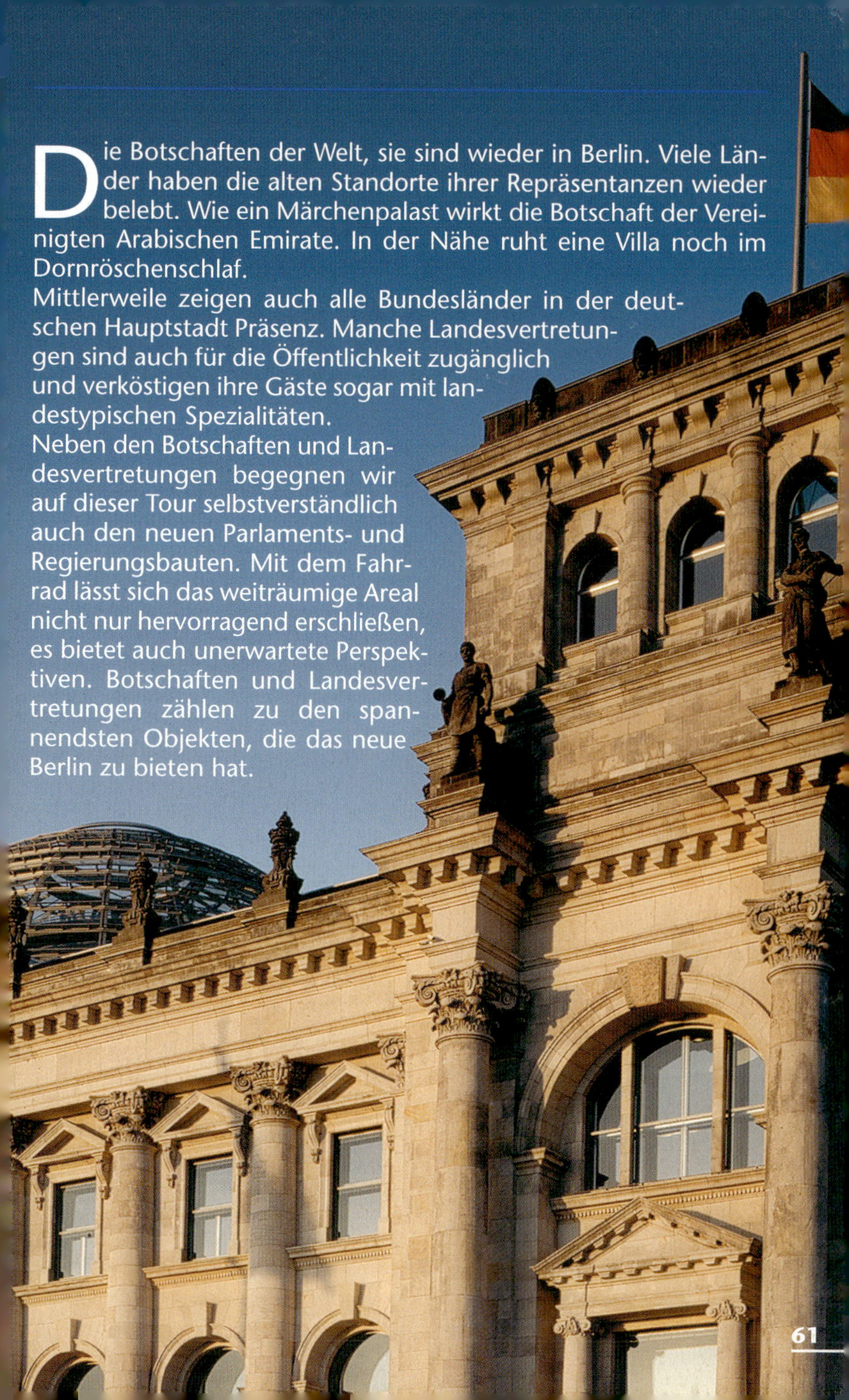

Tour 4

Start:	*S-Bahnhof Tiergarten*
Ziel:	*Hauptbahnhof - Lehrter Bahnhof*
Streckenlänge:	*10 km*
Sehenswürdigkeiten:	*Spanische Botschaft, Botschaftsviertel am Rande des Tiergartens (Italien, Japan, Südafrika, Indien, Österreich, Ägypten etc.), Potsdamer Platz, Landesvertretungen, Parlamentsneubauten am Spreebogen (Reichstag, Kanzleramt etc.), Schweizer Botschaft*
Cafés / Restaurants:	*Zahlreiche Cafés und Restaurants befinden sich am Potsdamer Platz, rund um den Gendarmenmarkt sowie Unter den Linden.*

Politischer Alltag

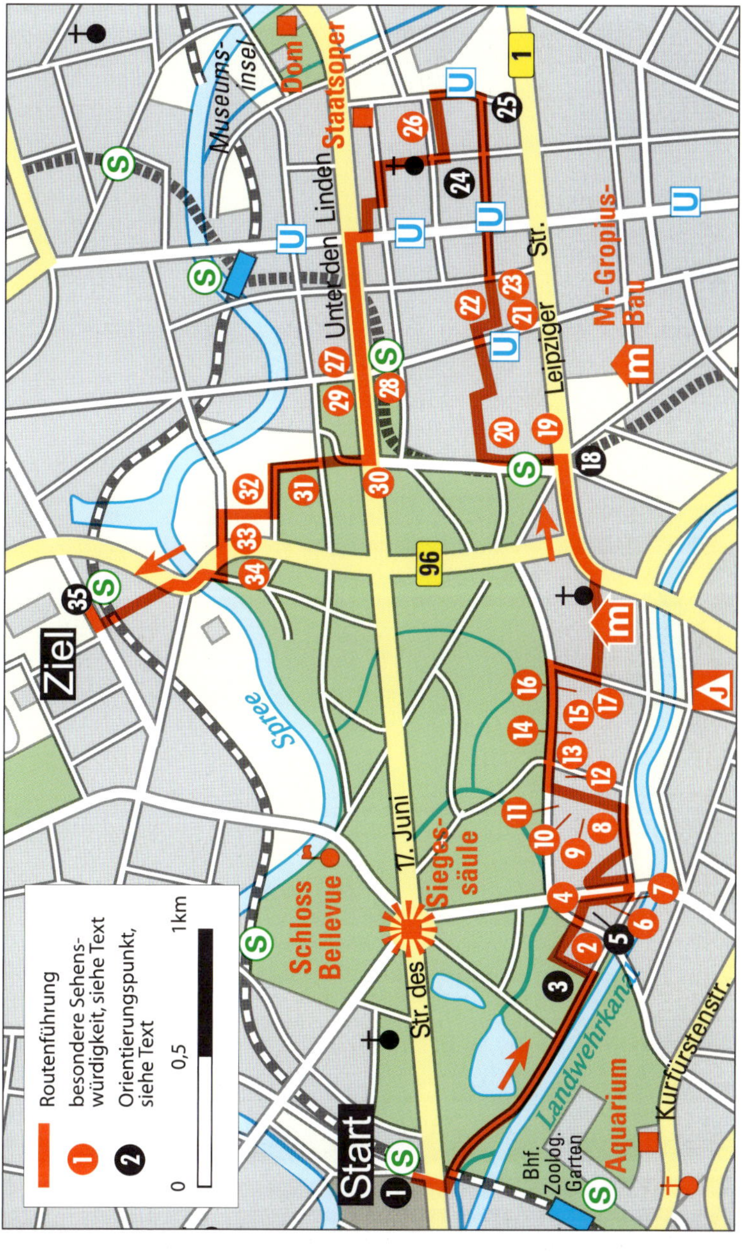
Routenführung
besondere Sehenswürdigkeit, siehe Text
Orientierungspunkt, siehe Text
0
0,5
1km
Start
Ziel
Schloss Bellevue
Siegessäule
Str. des 17. Juni
Spree
Landwehrkanal
Aquarium
Kurfürstenstr.
Bhf. Zoolog. Garten
Unter den Linden
Staatsoper
Dom
Museumsinsel
Leipziger Str.
M.-Gropius-Bau
96
1

Die Tour auf einen Blick:

Nr.	km	Beschreibung
1		**S-Bhf. Tiergarten**, li. *Str. des 17. Juni*, re. in Tiergarten, **Untere Schleusenbrücke** (Landwehrkanal), li. *Tiergartenufer*, li. *Lichtensteinallee* (Brücke) bis zur
2	1,0	**Spanischen Botschaft**, re. *Thomas-Dehler-Str.*, re. *Drakestr.*, li. *Rauchstr.*
3	1,3	**Gebiet der Internationalen Bauausstellung 1987 (IBA 87)**, über *Stülerstr.*, zu den
4	1,5	**Botschaften der Nordischen Länder**, gegenüber **Botschaft**
5		**von Syrien**, re. *Klingelhöfer Str.*, vorbei an
6	1,6	**Mexikanischer Botschaft, Botschaft von Malaysia, Botschaft von Bahrain, Luxemburg, Malta und Monaco** bis zur
7	1,75	**Bundesgeschäftsstelle der CDU**, über Fußgänger-Ampel, li. *Klingelhöfer Str.* (Radweg), re. Radweg (*Köbisstr.*), li. *Von-der-Heyd-Str.*, li. *Hiroshimastr.*,
8	2,4	**Landesvertretung von Bremen**,
9	2,45	**Botschaft der Vereinigten Arabischen Emirate** u.
10	2,5	**Landesvertretung von Nordrhein-Westfalen**,
11	2,6	**Japanische Botschaft**, re. *Tiergartenstr.*
12		**Botschaft von Italien**,
13	2,7	**Botschaft von Südafrika**,
14	2,8	**Indische Botschaft**,
15	2,9	**Landesvertretung von Baden-Württemberg**,
16	3,0	**Botschaft von Österreich**, re. *Stauffenbergstr.*
17	3,1	**Ägyptische Botschaft**, li. *Sigismundstr.*, li. *Matthäi-Kirchplatz* und gleich re. geschotterter Platz, re. Fußgänger-Ampel über *Potsdamer Str.* li., bis
18	4,0	**Potsdamer Platz**, li. *Ebertstr.*,
19	4,2	**Kanadische Botschaft**, re. in die Str.
20	4,4	**In den Ministergärten (Niedersachsen/Schleswig-Holstein, Hessen, Rheinland-Pfalz, Saarland, Brandenburg/Mecklenburg-Vorpommern)**, re. *Gertraud-Kolmar-Str.*, li. *An der Kolonnade*, über *Wilhelmstr.*, Ministeriums für Bundesministerium für Gesundheit und Soziale Sicherung, re. *Mohrenstr.*, li. *Mohrenstr.*
21	4,9	**Botschaft der Tschechischen Republik** vorbei, *Mohrenstr.*,
22	5,0	**Landesvertretung von Thüringen** u.
23		**Botschaft von Korea**, üb. *Glinka* und *Friedrichstr.* hinweg, **Hotel Hilton**,
24	5,5	**Gendarmenmarkt** (li.) vorbei, *Mohrenstr.* bis
25	5,8	**Bundesministerium der Justiz**, *Hausvogteiplatz*, li. *Oberwallstr.*, li. *Jägerstr.* an den
26	6,1	**Botschaften von Belgien** und **Griechenland** bis **Gendarmen-**

		markt 24, re. *Markgrafenstr.*, li. *Behrenstr.*, re. *Charlottenstr.*, li. *Rosmarinstr.*, re. *Friedrichst.*, li. **Str. Unter den Linden** an
27	7,4	**ehem. Botschaft von Polen und Ungarn** vorbei, Blick auf
28	7,45	**Botschaft Großbritanniens** (li.), geradeaus bis *Pariser Platz*
29	7,5	**Französische Botschaft**,
30	7,7	**Brandenburger Tor**, re. *Ebertstr.*
31	7,9	**Reichstag**, li. *Paul-Löbe-Allee*, re. an Hauptportal des
32	8,0	**Paul-Löbe-Hauses** vorbei, li. *Otto-von-Bismark-Allee*,
33	8,5	**Schweizerische Botschaft** u.
34	8,6	**Kanzleramt**, re. *Willi-Brand-Str.*, *Moltkebrücke*, re.
35	9,5	**Hauptbahnhof - Lehrter Bahnhof**

Vom **S-Bhf. Tiergarten** 1 überqueren wir die *Str. des 17. Juni* (Ampel), li. und hinter der **Bahnbrücke** re. ab in den Tiergarten. Auf Hauptweg bis **Untere Schleusenbrücke**. Hier li. und weiter am *Tiergartenufer* bis zur Lichtensteinbrücke (gegenüber Zoo), li. in *Lichtensteinallee* bis zum ersten Botschaftsgebäude, der **spanischen Botschaft** 2. 1,0 km

Der **Tiergarten** lag lange Zeit vor den Toren der Stadt. Entlang des Gartens siedelten sich nach und nach wohlhabende Berliner Bürger an, vor allem Bankiers, Gelehrte, Dichter und Denker. Mit der Industrialisierung verlegte Berlin seine Stadtgrenzen immer weiter nach außen. Der **Tiergarten** mit seiner nun zentral gelegenen guten Wohngegend eignete sich ideal für Botschaften, die sich vornehmlich seit dem Ende des Ersten Weltkrieges in den herrschaftlichen Villen aus der wilhelminischen Zeit einrichteten. Etwa 20 Jahre später plante Albert Speer, Hitlers Architekt, die Ausgestaltung Berlins zur »Welthauptstadt Germania«. Im Zuge der Neuordnung wurde eine breite Achse durch den Tiergarten geschlagen und die Siegessäule vom Reichstag an den großen Stern versetzt. Das in der Nähe gelegene alte Geheimratsviertel sollte einem Diplomatenviertel weichen. Die ab 1938 neu errichteten Bauten fielen aber bald dem Krieg zum Opfer. Nach Kriegsende blieb eine Ruinenlandschaft zurück, die allmählich verwilderte oder vereinzelt auch von den früheren Eigentümern für Konsulate oder Vertretungen in West-Berlin genutzt wurde. Im Osten der Stadt wurde Pankow das bevorzugte Viertel der Botschaften. Durch die Mauer vom historischen Zentrum Berlins abgeschnitten, entwickelte sich das Areal um die Tiergartenstraße zum Treffpunkt unterschiedlicher,

Siegessäule, Bundespräsidialamt und Schloss Bellevue im Tiergarten

eher zwielichtiger Milieus. Nach dem Fall der Mauer und dem Beschluss der Bundesregierung, wieder nach Berlin zu ziehen, änderte sich die Lage gewaltig. Das verwilderte Viertel barg nun für die Eigentümer der Grundstücke einen wahren Schatz. Es verwundert kaum, dass heute wieder viele Botschaften an ihre alten Standorte am Tiergarten zurückgezogen sind oder dort neu gebaut haben.

Für uns markiert die **spanische Botschaft** den Beginn unserer Erkundungstour. Äußerlich entspricht sie mit ihrer Formensprache der Bauzeit Ende der 1930er Jahre - abweisend, kühl und monumental-repräsentativ.

Wir biegen hinter dem Hauptportal der Botschaft re. in die *Thomas-Dehler-Str.*, wenig später nach re. in die *Drakestr.* Bei nächster Gelegenheit li. in die *Rauchstr.* Wir bewegen uns durch
1,3 km das **Gelände der Internationalen Bauausstellung 1987 (IBA
1,5 km 87) ❸**, überqueren die *Stülerstr.* und gelangen zu den **Botschaften der Nordischen Länder ❹**.

Die **Berliner IBA 1987** wurde 1980 ins Leben gerufen und verstand sich als Forum für die Auseinandersetzung zwischen einer alten und einer neuen Architektur. Im südlichen Tiergartenviertel ergänzen einige Neubauten im Stil der Postmoderne die bestehenden Stadtstrukturen.

Ganz neu und viel gelobt sind die **Botschaften der Nordischen Länder** Dänemark, Finnland, Island, Norwegen und Schweden. Der gemeinsame Botschaftsdienst ist Ausdruck der Verbundenheit und spart auch Kosten. Die Bauten verschiedener Architekten werden durch ein Kupferband zusammengebunden. Auch die landestypischen Materialien erinnern an Skandinavien: Böden aus grauem Schiefer und Granit, Fassaden aus Nadelholz (Lärche) und Glas.

Gegenüber dem Ensemble ist die **syrische Botschaft** ❺ in einer alten Villa untergebracht.

Wir fahren bis zur *Klingelhöfer Str.*, biegen re. ab und folgen dem kleinen Sträßchen an der **Mexikanischen Botschaft**, 1,6 km
den **Botschaften von Malaysia, Monaco, Luxemburg, Malta** und **Bahrain** ❻ vorbei bis zur **Bundesgeschäftsstelle der CDU** ❼. 1,7 km

Mexikanische Botschaft

Mexiko hat einen beachtlichen Neubau für seine Botschaft errichtet. Lage und Größe machen deutlich, welchen Stellenwert der Vertretung beim wichtigsten Handelspartner in der EU beigemessen wird. Die schräg gestellten, aus Beton gegossenen Säulen gelten als Markenzeichen der Architekten Gonzalez de León und Francisco Serrano. Den Abschluss des Gebäudekomplexes bildet die **Bundesgeschäftsstelle der CDU**. Wie ein Flaggschiff ragt das Konrad-Adenauer-Haus aus einem gläsernen Wintergarten.

1,7 km Mit dem Rücken zur **CDU-Bundesgeschäftsstelle** 7 überqueren wir die *Klingelhöferstr.* (Fußgängerampel), biegen li. in sie ein. Alle Gebäude noch einmal im Blick biegen wir etwa in Höhe der **Mexikanischen Botschaft** re. in die *Köbisstr.* (Radweg), die in die *Von-der-Heydt-Str.* mündet, in die wir li. einbiegen und entgegen der Fahrtrichtung (Schiebestrecke) die *Hiroshimastr.* erreichen. Li. ab, reiht sich eine Botschaft und Landesvertretung an die nächste. Auf der li. Seite passieren wir die **Landesvertretun-**
2,4 km **gen von Bremen** 8 und **Nordrhein-Westfalen** 9 sowie die
2,5 km **Botschaften der Vereinigten Arabischen Emirate** 10 und **Ja-**
2,6 km **pans** 11, auf der re. Seite die **Friedrich-Ebert-Stiftung**, das verfallene Gebäude daneben ist die ehem. griechische Botschaft, und zum Schluss die **Italienische Botschaft** 12 (re.).

Bremen, das kleinste deutsche Bundesland, leistet sich eine repräsentative Vertretung. Schlicht und ohne Schnörkel präsentiert sich der Neubau (1999) in einem Farbton, der an die Norddeutsche Backsteingotik erinnert.

Das nächste Gebäude wirkt wie ein Märchenschloss aus 1001 Nacht. Die **Botschaft der Vereinigten Arabischen Emirate** bildet einen krassen Gegensatz zur sachlich-funktionalen Architektur des hanseatischen Nachbarn. Das unbebaute Grundstück gegenüber hat Portugal erworben (Botschaft zurzeit in der *Zimmerstraße*). Gleich daneben befindet sich das **Landesbüro der Friedrich-Ebert-Stiftung**.

Die hochherrschaftlichen Mietshäuser im östlichen Bereich des Tiergartenviertels fielen nicht nur Bomben, sondern vor allem den »Welthauptstadt Germania«-Planungen zum Opfer. Die gesicherte **Ruine** in der Nachbarschaft diente Griechenland bis zum Zweiten Weltkrieg als Botschaft und vermittelt noch einen sehr guten Eindruck von dem Zustand der Gegend vor dem Fall der Mauer.

Gegenüber entstand etwa zeitgleich die **Japanische Botschaft**. Ein hübscher japanischer Ziergarten umgrünt das Haus mit seiner nicht unumstrittenen neuen Natursteinfassade nach historischem Vorbild.

Die **Italienische Botschaft** zeigt sich nach umfassender Sanierung wieder in einem römisch-rot verputzten Gewand. Formensprache und Größe des Baus erinnern an einen italienischen Palazzo aus der Renaissance.

Wir biegen nach re. in die *Tiergartenstr.* ein. Es geht vorbei
an der **Botschaft von Südafrika** ⑬ und **Indien** ⑭ sowie der 2,7 km
Landesvertretung von Baden-Württemberg ⑮. Wir gelangen 2,9 km
zur **Botschaft von Österreich** ⑯. 3,0 km

Zwischen der **Botschaft von Italien** und der **Botschaft von Südafrika** liegt noch eine Fläche brach. Hier soll die Botschaft der Türkei entstehen.

Südafrika hat seine moderne Botschaft am alten Standort errichtet und leitet zur **Indischen Botschaft** mit einer herausstechenden Fassade aus rotem indischen Sandstein über. Der berühmte Wiener Architekt Hans Hollein entwarf die neue **Österreichische Botschaft** als Eckbebauung an der *Tiergarten-/Stauffenbergstr.*

An der **Österreichischen Botschaft** ⑯ biegen wir re. in die 3,0 km
Stauffenbergstr. Der Weg führt an der **Ägyptischen Bot-** 3,1 km
schaft ⑰ vorbei. Hier biegen wir nach li. in die *Sigismundstr.*, der 3,0 km
wir bis zum *Matthäi-Kirchplatz* folgen. Dort halten wir uns kurz li. und biegen halbrechts auf den geschotterten Platz gegenüber dem **Potsdamer Platz**. Nach kurzem Halt überqueren wir diesen Platz diagonal und gelangen auf der gegenüberliegenden Seite zu einer Fußgänger-Ampel, überqueren die *Potsdamer Str.*, und biegen li. auf ihren Radweg. Zwischen **Sony Center** und **Daimler-Chrysler-Areal** hindurch erreichen wir den **Potsdamer**
Platz ⑱ und biegen li. in die *Ebertstr.* Vorbei an der **Kanadischen** 4,0 km
Botschaft ⑲ fahren wir bis zur Str. **In den Ministergärten** ⑳, 4,2 km
in die wir re. abbiegen. 4,4 km

Der Zweite Weltkrieg machte aus einem der belebtesten Plätze Europas, dem **Potsdamer Platz**, eine verheerte Fläche. Nach 1961 durch die Berliner Mauer zerschnitten, suchte man nach dem Fall

Potsdamer Platz

der Mauer nach einer Lösung für die zentrale Brache. Neben Sony und Daimler Chrysler investierte auch Otto Beisheim an prominenter Stelle. Gegenüber dem Beisheim Center, an der *Ebertstr.*, sieht die **Kanadische Botschaft** ihrer Fertigstellung entgegen. Dahinter erstreckt sich der *Leipziger Platz*.

Das Gebiet der **Ministergärten** wird so genannt, weil sich dort entlang der ehemaligen Stadtgrenze die Gärten der Palais und Ministerien befanden, die die *Wilhelmstr.* säumten. Nach 1961 verlief die Berliner Mauer durch das Gebiet, das im Zweiten Weltkrieg nahezu total zerstört wurde. Unweit von hier setzten Hitler, Goebbels und weitere Mitglieder der Nazi-Elite ihrem Leben im »Führerbunker« ein Ende. Vom Bunker ist heute nichts mehr zu sehen, da sämtliche Reste von der DDR beseitigt wurden - an dessen Standort befindet sich nun ein Parkplatz.

Die Landesvertretungen von Niedersachsen und Schleswig-Holstein sind in einem Gemeinschaftsbau untergebracht. Ebenso hat sich hier Brandenburg mit einem Partner zusammengeschlossen, allerdings nicht mit dem nahe liegenden Berlin, sondern mit seinem nördlichen Nachbarn Mecklenburg-Vorpommern. Auch Hessen, das Saarland und Rheinland-Pfalz haben jeweils eine eigene Vertretung in dieser Straße errichtet. Die Fahrradständer der **Landesvertretung von Hessen** sind unschwer zu erkennen. Wer sie auch benutzen möchte, kann in der Bar Mainhattan hessische Spezialitäten probieren.

Durch die Str. **In den Ministergärten** 20 gelangen wir zur *Ger-* 4,4 km
traud-Kolmar-Str., re. ab haben wir Blick auf den **Bundesrat**,
biegen links in die Str. *An der Kolonnade*, über die *Wilhelmstr.* hin-
weg in Richtung **BM für Gesundheit und Soziale Sicherung**.
Dort biegen wir re. in die *Mohrenstr.*, deren Verlauf wir nach nach
li. folgen. Dabei passieren wir die **Botschaft der Tschechischen Re-**
publik 21, die **Landesvertretung von Thüringen** 22 und die **Bot-** 4,9 km
schaft von Korea 23, überqueren erst die *Glinka-* und dann die *Frie-* 5,0 km
drichstr. Kurz darauf passieren wir das **Hotel Hilton** (re.) und
gegenüber den **Deutschen Dom** mit dem dahinter liegenden
Gendarmenmarkt 24. Weiter auf der *Mohrenstr.* gelangen wir 5,5 km
zum **Bundesministerium der Justiz** 25. 5,8 km

Die Botschaft der Nordischen Länder

Die **Botschaft der Tschechischen Republik** sieht aus wie ein typisches Kind des Sozialismus. 1975 bis 1978 als hochmoderner Bau errichtet, wirkt das Gebäude heute in die Jahre gekommen. Es unterscheidet sich darin kaum von der **Botschaft von Korea**.

Die *Mohrenstr.* führt uns zum *Hausvogteiplatz.* Hier biegen wir li. in die *Oberwallstr.* und bald li. in die *Jägerstr.* Vorbei
6,1 km an den **Botschaften von Belgien** ㉖ und **Griechenland** gelangen wir zum **Gendarmenmarkt** ㉔, der zum Flanieren und zu einer Pause einlädt.

Die **Botschaft des Königreichs Belgien** hat eine eigenwillige Architektur. Ein »Platten-Altbau« der DDR von 1968 wurde umgestaltet und durch verschiedene Elemente ergänzt, welche die Baugeschichte thematisieren und betonen. Zum **Gendarmenmarkt** (s. Tour 1, Die historische Mitte).

Mit Blick auf das **Konzerthaus** biegen wir re. in die *Markgrafenstr.*, gelangen zur *Behrenstr.* und biegen hier li. Bei nächster Gelegenheit biegen wir re. in die *Charlottenstr.* und bald wieder li. in die *Rosmarinstr.* Sie mündet auf die *Friedrichstr.*, re. ab zur Str. **Unter den Linden**. Wir biegen li. auf die Busspur (Radfahrer frei) in Richtung Brandenburger Tor und passieren u.
7,4 km a. die **ehem. Botschaft von Polen** ㉗.

Als Nachbar und sozialistisches Bruderland nahm die **Botschaft von Polen** zu DDR-Zeiten Quartier an einer vornehmen Adresse (UdL 72). Ähnlich verhält es sich mit der benachbarten **Ungarischen Botschaft**. Beide Altbauten befinden sich mittlerweile aber in einem relativ maroden baulichen Zustand und sollten längst durch Neubauten ersetzt werden. Die polnischen Diplomaten sitzen zwischenzeitlich im Grunewald.

Nach dem Krieg entstand auf dem historischen Grundstück der ehemaligen russischen Botschaft ein monumentales neoklassizistisches Gebäude - die Botschaft der UdSSR, die zum Vorbild der DDR-Architektur der 1950er Jahre wurde. Die *Karl-Marx-Allee* ist dafür das beste Beispiel. Heute wird es von der Russischen Föderation genutzt.

7,4 km Wir folgen weiter den Linden und sehen in der *Wilhelmstr.* (li.) die stark gesicherte **Botschaft Großbritanniens** ㉘.

Vorbei am Hotel Adlon fahren wir auf den *Pariser Platz*. Re. befindet sich die **Französische Botschaft** 29. 7,5 km

Die unkonventionelle **Britische Botschaft** setzt viele Passanten in Erstaunen. Der fortschrittliche Bau, der an der Stelle wieder errichtet wurde, wo sich die Botschaft auch vor dem Krieg befunden hatte, steht als Symbol für das moderne Großbritannien.

Auch die **Französische Botschaft** residiert wieder am abgestammten Platz - mit der passenden Adresse *Pariser Platz Nr. 5*. Informationen über Land und Leute liegen am Nebeneingang zur *Wilhelmstraße* bereit.

Wir setzen unseren Weg durch das **Brandenburger Tor** 30 fort, biegen nach re. in die *Ebertstr.* und gelangen so zum **Reichstag** 31 und zum neuen Regierungsviertel. Hinter dem Reichstag fahren wir bis zur *Paul-Löbe-Allee* und folgen ihr links parallel zum **Paul-Löbe-Haus** 32. An dessen Ende biegen wir nach re., fahren am Hauptportal vorbei und biegen wenig später nach li. in die *Otto-von-Bismark-Allee* ab, die zur **Schweizerischen Botschaft** 33 und zum **Kanzleramt** 34 führt.

7,7 km
7,9 km
8,0 km
8,5 km
8,6 km

Plenarsaal des Reichstages

1991 stimmte der Bundestag knapp für die Verlegung des Regierungssitzes von Bonn nach Berlin und gab damit den Startschuss für einen Architektenwettbewerb zum Bau des Neuen Regierungsviertels im Spreebogen. Überzeugen konnte der Entwurf der Berliner Architekten Axel Schultes und Charlotte Frank, die Ost- und Westbezirke der vormals geteilten Stadt auch optisch durch das »Band des Bundes« verbanden und so das Zusammenwachsen des ganzen Landes symbolisieren. Weitere Wettbewerbe wurden zur Gestaltung einzelner Gebäudekomplexe ausgerichtet.

Im geteilten Deutschland lag das **Reichstagsgebäude** im Schatten der Mauer - kaum genutzt; Sitzungen des Bundestages waren nach dem Viermächteabkommen in Berlin nicht zulässig. Kurz vor seinem letzten Umbau Mitte der 1990er Jahre wurde er von den Künstlern Christo und Jean-Claude verhüllt. Danach wurde er weitgehend entkernt und nach einem Entwurf von Sir Norman Forster zum Sitz des Deutschen Bundestages umgebaut, der das Gebäude 1999 bezog.

Die Geschichte des deutschen Parlaments begann 1871 mit der Gründung des Deutschen Reiches. Ein eigenes repräsentatives Gebäude erhielt das Parlament aber erst 23 Jahre später mit dem Reichstagsgebäude, das damals noch vor den Toren der Stadt lag. Am 9. November 1918 proklamierte der Sozialdemokrat Gustav Scheidemann die Republik vom Balkon des Gebäudes, in dem gut zwei Monate später die ersten freien Wahlen stattfanden. 1933 wurde im Plenarsaal des Reichstages ein Feuer gelegt. Den Brand nutzte die NSDAP, um die Grundrechte außer Kraft zu setzen. Im Dritten Reich spielte der zerstörte Reichstag als Tagungsort keine Rolle mehr. Rotarmisten hissten nach der Eroberung Berlins am 30. April 1945 die rote Flagge auf der Ruine des Gebäudes - dieses Bild ging um die Welt. Wenige Tage später war der Krieg beendet. Der Reichstag wurde bis 1973 wieder aufgebaut.

Rechter Hand liegt das **Jakob-Kaiser-Haus**, auch Dorotheenblöcke genannt. Die acht Gebäude beherbergen 2000 Räume, vornehmlich mit Büros für Abgeordnete und deren Mitarbeiter. Interessant sind die kunstvollen Gärten des Komplexes an der Spree. Auf der gegenüberliegenden Spreeseite dient das **Marie-Elisabeth-Lüders-Haus** (Luisenblock) als Parlamentsbibliothek. Es ist mit einem Fußgängersteg über die Spree mit dem siebenstöckigen Paul-Löbe-Haus (Alsenblock) verbunden, das ebenfalls Abgeordnetenbüros und Sitzungssäle sowie den Besucherdienst des Bundestags und eine große Kantine beherbergt.

Als Deutschland geteilt war, befand sich das Grundstück des heutigen **Paul-Löbe-Hauses** auf der westlichen und das des Marie-Elisabeth-Lüders-Hauses auf der östlichen Spreeseite. Der Münchener Architekt Stephan Braunfels entwarf beide Gebäudekomplexe und verband sie mit einer Fußgängerbrücke als Symbol für die Wiedervereinigung von Stadt und Land.

Staatsempfang im Kanzleramt

Auch das **Neue Bundeskanzleramt** ist ein Bau der zeitgenössischen Moderne und Bestandteil des »Bandes des Bundes«. Es besteht im Wesentlichen aus zwei parallel verlaufenden, fünfgeschossigen Büroflügeln, in denen die rund 500 Mitarbeiter des Kanzleramtes ihren Pflichten nachgehen. Darüber erstreckt sich das quadratische, achtgeschossige Leitungsgebäude. Im siebten Stock hat der Bundeskanzler sein Büro.

Der Altbau der **Schweizerischen Botschaft** überstand auf wundersame Weise ohne größere Schäden Krieg, Nachkriegszeit und alle Neubaupläne. Allen Angeboten zum Trotz ließen sich die Schweizer über die Zeiten nicht von ihrem Standort im Spreebogen mitten im Regierungsviertel vertreiben.

Von der **Schweizer Botschaft** kommend biegen wir vor dem **Kanzleramt** re. in die *Willy-Brand-Str.* und überqueren die Spree auf der Moltkebrücke. Dahinter biegen wir re. zum 9,5 km
Hauptbahnhof - Lehrter Bahnhof ㉟.

Spandauer Vorstadt: Ab durch die neue Mitte!

Koppenplatz - Sophienstraße - Dorotheenstädtischer Friedhof - Arkonaplatz - Rosenthaler Platz

Vorbei sind die Zeiten als im Scheunenviertel und in der angrenzenden Spandauer Vorstadt kleine Händler, Gauner und Prostituierte versuchten, ein Auskommen zu finden. Auch mittellose jüdische Einwanderer aus Osteuropa hatten hier, wo viele Glaubensbrüder tragender Teil der Gesellschaft geworden waren, erste Unterkunft in Berlin gefunden. Der Lärm der vielen kleinen Handwerksbetriebe und Fabriken ist mittlerweile verklungen.

Berlins Mitte ist en vogue. Heute zieht die Spandauer Vorstadt neben Berlinern vor allem ein junges, internationales Publikum an und zählt zu den lebendigsten Vierteln der Stadt. Arbeiten und Wohnen, Flanieren und Ausgehen, Einkaufen und Kaffeetrinken, all das findet in diesem historisch gewachsenen Quartier nebeneinander statt. Nach der Wiedervereinigung ist hier im Laufe der Jahre etwas Besonderes entstanden. Die Bausubstanz wurde sorgsam wieder instand gesetzt und mit

Neuem kombiniert. Galerien, ausgefallene kleine Läden, Cafés, Bars und Restaurants prägen das Bild. Manchmal mischt sich auch bizarrer Kitsch dazwischen.

Die Neue Synagoge war und ist wieder ein Wahrzeichen der Spandauer Vorstadt und des jüdischen Lebens in ganz Berlin.

Unsere Entdeckungsreise durch die Stadtlandschaft schließt prominente Orte ebenso ein wie die letzten geheimeren Winkel, die wir auch jenseits der Spandauer Vorstadt besuchen werden.

Start:	*U-Bahnhof Rosa-Luxemburg-Platz*
Ziel:	*U-Bahnhof Rosenthaler Platz*
Streckenlänge:	*ca. 8 km*
Sehenswürdigkeiten:	*Volksbühne, Garnisonsfriedhof, Koppenplatz, Sophie-Gips-Höfe, Hackesche Höfe, Oranienburger Str., Jüdischer Friedhof, Sophienkirche, Kunstwerke Mitte (KW), Heckmann-Höfe, Neue Synagoge, Tacheles, Brecht-Haus,Dorotheenstädtischer Friedhof, St.Elisabeth-Kirche*
Cafés / Restaurants:	*Barcomi's (Sophie-Gips-Höfe, Tel. 030 - 28598363) Rosmini Pastamanufaktur (Invalidenstr. 151, Tel. 030 - 28096844)*

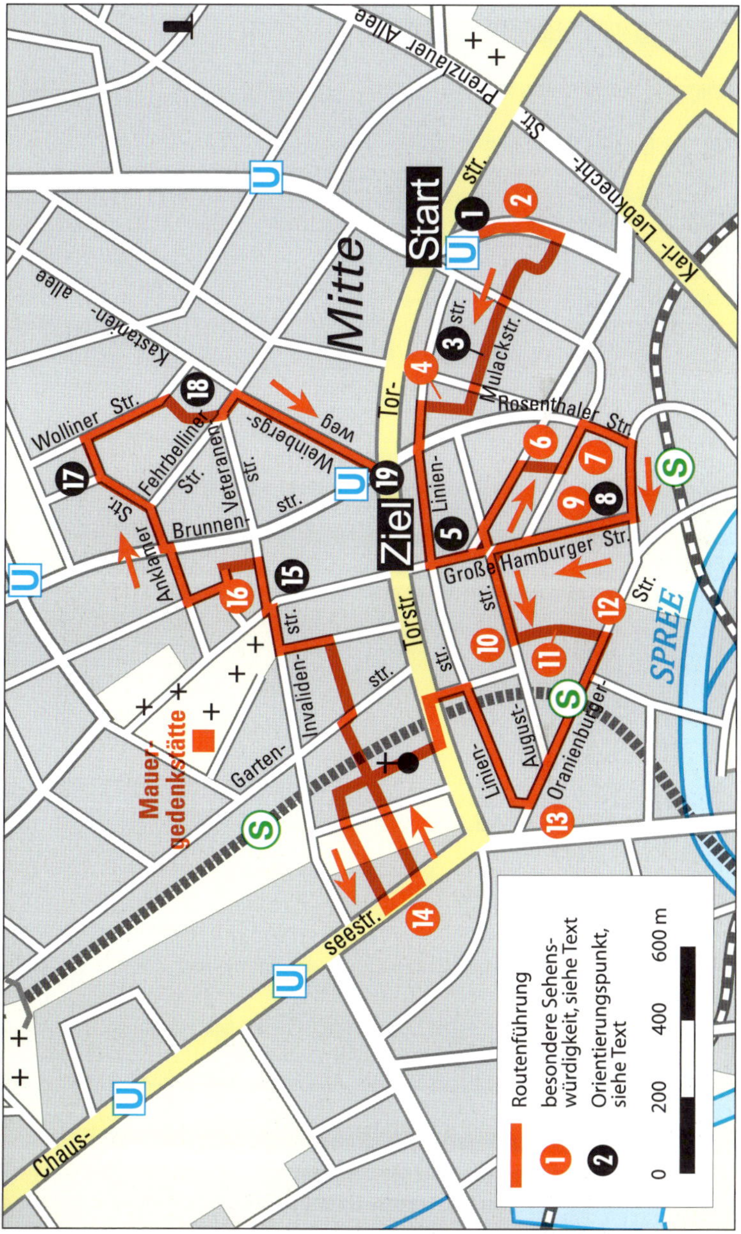
Start
Ziel
Mitte
Mauer-
gedenkstätte
SPREE
Prenzlauer Allee
Karl- Liebknecht-
Str.
Kastanien-
allee
Wolliner Str.
Fehrbelliner Str.
Veteranen-
str.
Weinbergs-
weg
Brunnen-
str.
Anklamer
Str.
Tor-
str.
Torstr.
Linien-
str.
Mulackstr.
Rosenthaler Str.
Große Hamburger Str.
Invaliden-
str.
Garten-
str.
August-
str.
Oranienburger-
Str.
Chaus-
seestr.
Routenführung
besondere Sehens-
würdigkeit, siehe Text
Orientierungspunkt,
siehe Text
0
200
400
600 m

Die Tour auf einen Blick:

Nr.	km	Beschreibung
1		**U-Bhf. Rosa Luxemburg Platz**, *Rosa-Luxemburg-Str.*,
2	0,2	**Volksbühne** vorbei in Richtung *Alexanderplatz*, re. *Hirtenstr.*, re. *Almstadtstr.*, li. *Schendelgasse*, *Alte Schönhauser Allee* überqueren, halbli.
3	0,5	**Mulackstr.**, re. *Kleine Rosenthaler Str.*,
4	0,85	**Garnisonsfriedhof**, li. *Linienstr.*, über *Rosenthaler Str.* bis
5	1,3	**Koppenplatz**, li. *Großen Hamburger Str.*, li. *Auguststr.*, re. *Gipsstr.*, re.
6	1,77	**Sophie-Gips-Höfe**, li. *Sophienstr.*, re. *Rosenthaler Str.*, re.
7	2,1	**Hackeschen Höfe** (zu Fuß), zurück, re. *Rosenthaler Str.*, re. *Oranienburger Str.*, re. *Große Hamburger Str.*, re.
8	2,4	**Jüdischer Friedhof, Große Hamburger Str.**,
9	2,5	**Sophienkirche** (re.) und kath. **St. Hedwigs-Krankenhaus** (li.) vorbei, li. *Auguststr.* bis
10	2,9	**Kunstwerke Mitte (KW)**, li. *Auguststr.* Nr. 9 Einfahrt
11	3,0	**Heckmann-Höfe**,
12	3,3	**Neue Synagoge**, re. *Oranienburger Str.*,
13	3,6	**Tacheles**, re. *Linienstr.*, li. *Tucholskystr.*, li. *Torstr.*, re. *Borsigstr.*, li. *Schlegelstr.* bis *Chausseestr.*,
14	4,9	**Brecht-Haus** und der **Dorotheenstädtischer Friedhof**, re. *Chausseestr.*, li. *Tieckstr.*, re. *Gartenstr.*, li. *Schröderstr.*, li. *Bergstr.*, re. *Invalidenstr.* mit
15	6,0	**Ackerhalle** und
16	6,1	**St. Elisabeth-Kirche (Schinkel)**, li. *Elisabethkirchstr.*, re. *Strelitzer*, re. *Anklamer Str.*, über *Brunnenstr.* bis
17	6,8	**Arkonaplatz**, re. *Granseer Str.*, re. *Wolliner Str.*, re. *Griebenower Str.* rund um die
18	7,2	**Zionskirche**, re. *Veteranenstr.*, li. *Fehrbelliner Str.*, re. *Weinbergsweg* bis
19	8,0	**U-Bhf. Rosenthaler Platz**

0,2 km **U-Bhf. Rosa-Luxemburg-Platz** 1 (U2), Ausgang zur *Rosa-Luxemburg-Str.*, an **Volksbühne** 2 in Richtung *Alexanderplatz* (Fernsehturm) vorbei bis **Filmtheater Babylon**.

Das Gebiet nordwestlich des *Alexanderplatzes* galt bis zum Zweiten Weltkrieg als eine elende Gegend und wurde als Scheunenviertel bezeichnet. Um 1700 standen hier etwa 30 Scheunen, um brennbares Erntegut wie Getreide und Stroh sicher am damaligen Stadtrand zu lagern. Neuer Raum konnte nur vor den Toren der Stadtummauerung durch so genannte Vorstädte erschlossen werden. Alle Juden, die kein eigenes Haus besaßen, mussten nach einem Befehl Friedrich Wilhelm I. von 1737 in das Scheunenviertel umziehen. Im 19. Jh. fanden einwandernde osteuropäische Juden und Arbeiter, deren Zahl im Zuge der Industrialisierung stark anstieg, hier billige Quartiere. Die koschere Bäckerei Goldfarb und den Schlächterladen Samuel Krieger in der *Arndtstraße* gibt es nicht mehr. Die Wahrzeichen des Viertels sind dafür aus den Ruinen wieder auferstanden: die **Volksbühne** und das **Filmtheater Babylon**. Das Filmtheater gilt als das einzige erhaltene Großkino der Stummfilmzeit.

Dem **Kino** gegenüber biegen wir re. in die *Hirtenstr.*, folgen bis zur *Almstadtstr.*, hier re. und gleich wieder li. in *Schendelgasse*, der wir bis zur *Alten Schönhauser Allee* folgen. Diese halblinks überqueren weiter durch die **Mulackstr.** ❸ bis zur zur 0,5 km
Kleinen Rosenthaler Str., re. ab am **Garnisonsfriedhof** ❹, dem ältesten Militärfriedhof Berlins, vorbei zur *Linienstr.*, in die wir nach li. abbiegen. 0,8 km

Filmtheater Babylon

Der »Normalbürger« wagte sich in der ersten Hälfte des 20. Jh. nur selten in die **Mulackstr.**, auch wenn manchen die leichten Mädchen des Amüsiergewerbes gelockt haben mögen. »Beschützt« wurden die Prostituierten von Mitgliedern so genannter Ringvereine, die ihre »Puppen« nachts auf den Straßen laufen ließen.

Der verlassene Raum

1,3 km Wir folgen der *Linienstr.* über die stark befahrene Rosenthaler Str. hinweg bis zum **Koppenplatz** ❺.

Der **Koppenplatz** liegt direkt an der *Linienstr.* und wird im Westen von der *Großen Hamburger Str.* begrenzt. Ursprünglich ein Armenfriedhof, wurde das Gebiet seit Mitte des 19. Jh. bebaut. Herrschaftliche Mietshäuser aus der Gründerzeit flankieren den Platz auf der östlichen Seite.

Ins Auge springt auf der Nordseite des Platzes ein großer Tisch mit zwei Stühlen. Einer davon ist umgekippt, liegt wie hastig umgestoßen auf dem Boden. »Der verlassene Raum« ist das Werk des Bildhauers Karl Biedermann. Es erinnert an die von hier vertriebenen bzw. deportierten Juden.

Nach einem kurzen Halt folgen wir li. der *Großen Hamburger Str.*, biegen li. in die *Auguststr.* und bei nächster Gelegenheit re. in die *Gipsstr.* Nach Einmündung der *Joachimstr.* (li.) biegen wir auf gleicher Höhe re. in den Hintereingang der **Sophie-Gips-Höfe** ❻ ein. 1,77 km

Die **Sophie-Gips-Höfe** stehen ganz im Zeichen der Kunst. In den Fabrikbauten, wo früher Stahlapparate, Fahrradketten und Nähmaschinen produziert wurden, haben die Textilfabrikanten Hoffmann 1995 einen privat-öffentlichen Raum geschaffen. Galerien, Büros, Wohnungen und Kunst fanden hier Platz. Die private, bewohnte Sammlung zeitgenössischer Kunst der Hoffmanns lässt sich immer samstags nach telefonischer Anmeldung (Tel. 030 / 28 499 121) besuchen. Im freundlichen Café Barcomis schmecken die Bagels besonders köstlich.

Wir verlassen die **Sophie-Gips-Höfe** ❻ durch den Ausgang zur *Sophienstr.*, biegen li. und gelangen zur *Rosenthaler Str.* 1,77 km
Hier geht es re. ab bis zum Eingangsportal der **Hackeschen Höfe** ❼ (re). Diese erkunden Sie besser zu Fuß. 2,1 km

Schon zu DDR-Zeiten oberflächlich saniert, beherbergen die kleinen Häuser aus dem 19. Jahrhundert heute besondere Geschäfte wie das des Flötenbauers oder einer Seifenmanufaktur.

Die 1903 bis 1907 erbauten **Hackeschen Höfe** sind sicherlich die am häufigsten besuchten Hinterhöfe Deutschlands. Die Anlage umfasst insgesamt acht Höfe, die sich von der *Rosenthaler Straße* bis zur *Sophienstraße* erstrecken. Mitte der 1990er Jahre wurde das Areal umfassend saniert und die Fassaden nach altem Muster wieder hergestellt. Besonders eindrucksvoll ist das Ergebnis im ersten Hof mit seinen wundervollen Jugendstil-Kacheln in Blau, Gold, Grün und Braun. Neben Cafés und Restaurants finden sich im Gebäudekomplex zahlreiche kulturelle Einrichtungen wie das Varieté Chamäleon, das Hackesche Hoftheater, ein Kino etc.

2,1 km Wir verlassen die **Hackeschen Höfe** 7 wieder, biegen re. in die *Rosenthaler Str.* An der Ampel biegen wir re. in die *Oranienburger Str.* Bei nächster Gelegenheit re. ab in die *Große Hamburger Str.* Nach wenigen Metern halten wir auf der rechten
2,4 km Seite am ehemaligen **Jüdischen Friedhof** 8.

Die Hutmacherin Fiona Bennett hat in der **Großen Hamburger Str. 25** ein exklusives Atelier eingerichtet und »putzt« nicht nur die Köpfe der Schönen und Reichen. Im Schaufenster des Ateliers sind ausgesuchte Kreationen der Meisterin zu besichtigen.

Grab auf dem Jüdischen Friedhof

Nebenan, am ehemaligen **Jüdischen Friedhof,** kann man den Stadthistoriker Heinz Knobloch zitieren: »Misstraut den Grünanlagen!« Der lauschige Park überdeckt das Unrecht, das hier geschah, und zeugt von der wechselhaften jüdischen Geschichte in Berlin. Ende des 17. Jh. erhielt die jüdische Gemeinde hier einen ersten Begräbnisplatz. 1942 nahm die Waffen-SS das Jüdische Altersheim in der Großen Hamburger Str. 25-27 in Besitz und organisierte die Deportationen. Mitten im Wohngebiet fuhren nachts die LKWs vor. Hat man hier gewusst, was geschah?

Wir folgen der *Großen Hamburger Str.* weiter, an der **Sophienkirche** 9 und dem kath. **St. Hedwigs-Krankenhaus** vorbei, biegen li. in die *Auguststr.* und erreichen unser nächstes Ziel, die **Kunstwerke Mitte (KW)** 10.

2,5 km

2,9 km

Ein Wahrzeichen des Stadtteils ist der Turm der **Sophienkirche** im historischen Mittelpunkt der Spandauer Vorstadt, der als einziger Barockturm Berlins die Bombardements überstand.

In der *Auguststraße* reihten sich Gewerbehöfe, Etagenfabriken und Remisen aneinander. Zu DDR-Zeiten als Werkstätten oder Lager genutzt, boten sie nach der Wende plötzlich einer Generation neuer Künstler viel Platz, die in die damals noch verkommenen Gemäuer einzog. Häuser wurden besetzt und zu Kunstwerken umgestaltet. Das **KW** sind so ein Fall. Die **Kunstwerke Mitte** gruppieren sich um den Hof einer ehemaligen Margarinefabrik, die heute als Ausstellungsfläche dient. Das Café Bravo ist selbst ein Stück Kunst (Dan Graham).

Kunstwerke Mitte

Wir fahren weiter auf der *Auguststr.* vorbei am ehemaligen jüdischen Krankenhaus bis zum Haus Nr. 9 auf der linken Seite. Hier fahren wir durch die Tordurchfahrt und
3,0 km gelangen in die **Heckmann-Höfe** 11. Der zweite große Hof ist ideal für einen kurzen Rundumblick.

In den **Heckmann-Höfen** finden wir wieder die typische Mischung aus Wohnen, Handwerk, Kunst und Unterhaltung. Von hier aus ist auch die Rückfront der **Neuen Syna-**
3,0 km **goge** 12 erkennbar, vor allem das, was nicht mehr da ist. Britische Bomben zerstörten den bedeutenden Bau von 1866, den die namhaften Berliner Architekten Knoblauch und Stüler als sichtbaren Ausdruck des neuen jüdischen Selbstverständnisses geschaffen hatten. Die goldene Kuppel überragt wieder die Dächer der Spandauer Vorstadt, ein Wahrzeichen der Renaissance des jüdischen Lebens in Berlin.

An der Backstein-Remise vorbei verlassen wir die Höfe und biegen re. in die *Oranienburger Str.* Ihr folgen wir bis zum **Ta-**
3,6 km **cheles** 13.

Der Eingangsbereich des ehemaligen Passage-Kaufhauses zur *Friedrichstraße* vom Anfang des 20. Jh. blieb als Fragment erhalten und ist heute als alternatives Kunsthaus **Tacheles** international bekannt und eine Sehenswürdigkeit geworden.

Wir verlassen die *Oranienburger Str.* und biegen re. in die *Linienstr.*, der wir bis zur *Tucholskystr.* folgen. Dort biegen wir li. ab in die *Torstr.* Bei nächster Gelegenheit biegen wir nach re. in die *Borsigstr.* Ihr folgen wir bis zur die *Schlegelstr.*, in die wir nach
4,9 km li. biegen. Sie mündet auf die *Chausseestr.* Gegenüber liegen das **Brecht-Haus** und der **Dorotheenstädtische Friedhof** 14.

Tacheles

Der **Dorotheenstädtische Friedhof** lag bereits außerhalb der Akzisemauer, welche zu Preußens Zeiten die Zolleinnahmen sichern und das Desertieren verhindern sollte. Tor- und *Linienstraße* verweisen noch auf den Verlauf dieser Ummauerung, die Mitte des 19. Jh. abgerissen wurde, um mehr Platz für Berlins Entwicklung zu schaffen. Ein Besuch des Gräberfeldes ist wie eine Zeitreise in die Geschichte bedeutender Berliner Persönlichkeiten. Schriftsteller, Komponisten, Bildhauer, Philosophen, Schauspieler und Widerstandskämpfer fanden hier die letzte Ruhe, darunter Kunstschaffende wie Schadow, Schinkel und Stüler. Auch Berthold Brecht und Helene Weigel liegen jetzt nebeneinander. In zwei getrennten Wohnungen lebten sie gleich nebenan in der Chausseestr. 125. Dort befindet sich auch die **Brecht-Weigel-Gedenkstätte**.

Re. weiter auf der *Chausseestr.*, dann li. in die *Tieckstr.*, dieser bis zur *Gartenstr.* folgen. Dort geht es re. und gleich wieder li. in die *Schröderstr.* Li. biegen wir dann in die *Bergstr.* und wenig später re. in die *Invalidenstr.*, die etwas stärker befahren ist.
6,0 km Vorbei an der **Ackerhalle** ⓯ gelangen wir zur **St. Elisabeth-Kir-**
6,1 km **che** ⓰ (li.).

Lebhaft geht es in der »Pastamanufaktur Rosmini« in der *Invalidenstr. 151* zu. Hier trifft sich das bunte »Mitte-Völkchen«, um köstliche, hausgemachte italienische Pastagerichte zu genießen.
Abends sollte man reservieren (030 / 28 09 68 44).

Die alte backsteinerne **Markthalle VI** (Invalidenstr. 158) beherbergt heute einen Supermarkt. Die vorbildlich restaurierte Hallenarchitektur ist durchaus sehenswert. Die von **Schinkel** entworfene **St. Elisabeth-Kirche** war bis vor kurzem noch eine Ruine und zählt nun wieder zu den schönsten Bauten des Klassizismus in Mitte.

Wir biegen li. ab in die *Elisabethkirchstr.*, der wir im Bogen folgen, bis re. die *Strelitzer Str.* abbiegt, der wir zur *Anklamer Str.* folgen, dort re. einbiegen und leicht ansteigend über die *Brunnenstr.* hinweg bis zum **Arkonaplatz** ⓱ fahren. 6,8 km

Der **Arkonaplatz** hat sich zu einer beliebten Wohngegend gemausert. Die Wohnhäuser rundherum sind frisch renoviert und bieten viel Platz für Familien. Sonntags findet hier ein Kiezflohmarkt statt.

Wir biegen re. auf die *Granseer Str.*, der wir bis zur *Wolliner Str.* folgen, biegen in diese re. ab und nochmals re. in die 7,2 km
Griebenower Str. Dort umrunden wir die neoromanische **Zionskirche** ⓲ und gelangen auf die *Veteranenstr.*, in die wir re. abbiegen. Gleich wieder li. geht es in der *Fehrbelliner Str.* weiter. Bei nächster Gelegenheit re. in den *Weinbergsweg*, den wir zum **U-Bhf. Rosenthaler Platz (U8)** ⓳ hinabsausen (Vorsicht Straßen- 8,0 km
bahn!).

Brecht-Grab auf dem Dorotheenstädtischen Friedhof

Tour 6

Prenzlauer Berg: Kiezkultur und (Lebens-)Künstler

Kollwitzplatz - Ernst-Thälmann-Park - L.S.D.-Viertel - Mauerpark - Kulturbrauerei

Wahrlich ist es nicht mehr, wie es war, aber es ist etwas geblieben. Ein Mythos rangt sich um dieses Quartier, das den Zweiten Weltkrieg übrigens nahezu unbeschadet überdauerte. Im Prenzlauer Berg lebten bereits zu DDR-Zeiten ein besonderes Gemisch von Arbeitern, Künstlern, Individualisten, Familien und Studenten. Das ist heute fast noch so. Hinzu kommen Touristen, Neu-Berliner und solche die es werden wollen.

Unsere Tour führt durch breite Straßenzüge der wilhelmini-

schen Blockbebauung im Norden des historischen Zentrums. Wo früher Arbeiter in sog. Mietskasernen hausten, errichteten sich Intellektuelle, Künstler und Bürgerrechtler in der DDR in einer zerfurchten, häufig verrotteten Bausubstanz eine eigenwillige Welt. Im Prenzlberg fanden sie eine Art Zuflucht, lebten in einer Subkultur unter sich. Heute prägen vor allem junge Bewohner aus aller Herren Länder das Bild im Prenzlauer Berg. Mittlerweile weitgehend saniert, ist er noch immer Inbegriff von Kiezkultur und etwas anderer Lebensart.

Wir wagen einen Blick in die letzten schummrigen Hinterhöfe und blicken verwundert auf die gleich daneben perfekt renovierten Gründerzeithäuser mit ihren ausgebauten Dachgeschossen. Unsere Tour führt uns von Platz zu Platz, auch zum berühmtesten: dem Kollwitzplatz. Der Kiez hat auch hier sein eigenes Flair.

Käthe-Kollwitz-Platz

Start:	U-Bahnhof Senefelder Platz
Ziel:	U-Bahn Rosa-Luxemburg-Platz (Mitte)
Streckenlänge:	ca. 11 km
Wegbeschaffenheit:	wechselhaft, teilweise Kopfsteinpflaster
Sehenswürdigkeiten:	Kollwitzplatz, Wasserturm, Synagoge, Siedlung Carl Legien, Kulturbrauerei, Jüdischer Friedhof
Informationen:	Tourist Information Center Prenzlauer Berg (Kulturbrauerei), Schönhauser Allee 36, 10435 Berlin, Tel. 030 / 44 35 21 70, www.tic-prenzlauerberg.de

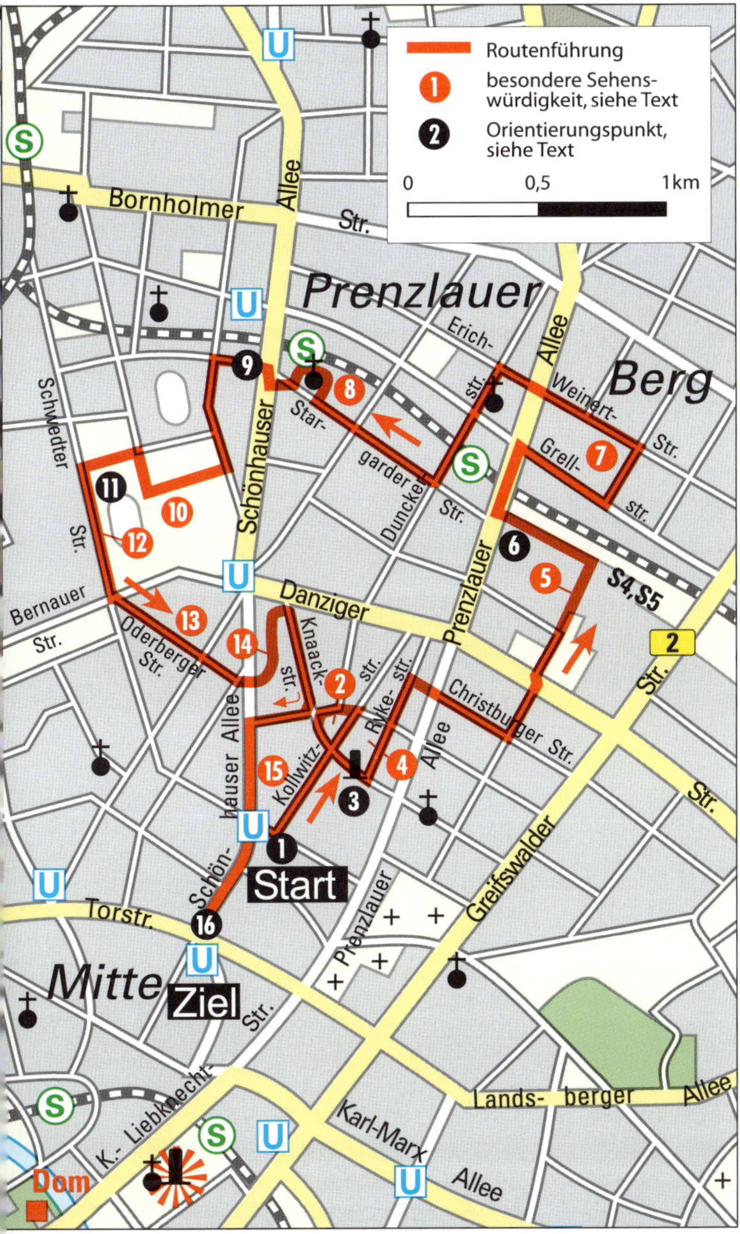
Routenführung
besondere Sehenswürdigkeit, siehe Text
Orientierungspunkt, siehe Text
0
0,5
1 km
Prenzlauer Berg
Mitte
Start
Ziel
Bornholmer Str.
Schönhauser Allee
Erich-Weinert-Str.
Grell-str.
Stargarder Str.
Duncker-str.
Prenzlauer Allee
Schwedter Str.
Bernauer Str.
Oderberger Str.
Danziger Str.
Knaack-str.
Kollwitz-str.
Ryke-str.
Christburger Str.
Greifswalder Str.
Torstr.
K.-Liebknecht-Str.
Karl-Marx-Allee
Landsberger Allee
S4, S5
2
Dom

Die Tour auf einen Blick:

Nr.	km	Beschreibung
1		**U-Bhf. Senefelder Platz/Schönhauser Allee**, li. *Kollwitzstr.*
2	0,6	**Kollwitzplatz**, li. *Wörther Str.*, li. *Knaackstr.*
3	1,2	**Wasserturm**, li. *Rykestr.*,
4	1,3	**Synagoge**, *Rykestr.*, re. *Sredzkistr.*, *Prenzlauer Allee* überqueren, *Christburger Str.*, li. *Winsstr.*, li. *Danziger Str.*, re. *Ella Kay Str.* bis zum
5	2,9	**Ernst-Thälmann-Park** li. Fahrrad- und Fußweg,
6	3,3	**Planetarium**, re. *Prenzlauer Allee*, re. *Grellstr.*, li. *Gubitzstr.*,
7	4,1	**Bauhaussiedlung Carl Legien**, li. *Erich-Weinert-Str.*, li. *Dunckerstr.*, re. *Stargarder Str.* am **L.S.D.-Viertel** vorbei, vor
8	5,8	**Gethsemane-Kirche** re. *Gethsemane-Str.*, li. *Greifenhagener Str.*, re. *Stargarder Str.*, über
9	6,2	**Schönhauser Allee**, *Gleimstr.*, li. *Cantianstr.*, Groterjan-Brauerei, Café Cantian re.,
10	6,8	**Friedrich-Ludwig-Jahn-Sportpark**, Weg durch Park, bei Wege-T re. zur
11	7,4	**Max-Schmeling-Halle** li. bis
12	7,5	**Mauerpark**, li. Weg (ehemalige *Schwedter Str.*), li. *Oderberger Str.* bis Haus Nr. 15, durch den Eingang in
13	8,3	**Hirschhof**, zurück und li. auf *Oderberger Str.*, li. *Choriner Str.*, *Sredzkistr.* li. durch
14	8,8	**Kulturbrauerei** zum Ausgang *Knaackstr.* re., re. *Wörther Str.*, li. *Schönhauser Allee*
15	9,5	**Jüdischer Friedhof**, **U-Bhf. Senefelder Platz**, *Pfefferberg*, *Torstr.*
16	11,0	**U-Bhf. Rosa-Luxemburg-Platz**

Die U-2 bedient den **U-Bhf. Senefelder Platz** 1. Von dort fahren wir, den Fernsehturm im Rücken, re. in die *Metzer*
0,6 km *Str.*, auf die *Kollwitzstr.* Sie führt uns bis zum **Kollwitzplatz** 2.

Der **Senefelderplatz** erhielt nach umfangreichen Restaurierungen wieder seinen gründerzeitlichen Charme. Selbst das frisch restaurierte »Café Achteck« dient wieder als WC-Häuschen - nur für Männer.

Spätestens seit Ex-US-Präsident Clinton im Gugelhof speiste, ist der **Kollwitzplatz** über Berlins Stadtgrenzen hinaus bekannt. Von hohen Bäumen umgeben, bildet er eine grüne Insel inmitten der dichten Mietshausbebauung. Früher wohnten in den Arbeiterquartieren meist einfache Leute, meist unter elenden Lebensbedingungen. In den Hinterhöfen hielten die Bewohner Kaninchen, Hühner, Pferde und Kühe. Um 1900 lebte in Berlin der Großteil der Bevölkerung in Wohnungen mit nur einem beheizbaren Zimmer, das für die einfacheren Familien als Küche, Wohn- und Schlafstube herhalten musste. Gemeinschaftstoiletten lagen außerhalb der Wohnungen, auf dem Treppenpodest oder im Hof.

Prenzlauer Fassaden

Mittlerweile ist die Gegend rund um den Platz zu einer bevorzugten Wohngegend geworden. Ein buntes Völkchen von (Lebens-)Künstlern, ehemaligen Bürgerrechtlern, Alteingesessenen (Wolfgang Thierse) und gut situierten Neuberlinern lebt hier und füllt zusammen mit Besuchern die zahlreichen umliegenden Lokale. Daneben prägen vor allem kleine inhabergeführte Geschäfte das Bild des Kiezes.

Der Spielplatz beweist eindeutig, dass der Prenzlauer Berg das aktuell geburtenstärkste Gebiet in Deutschland ist. Daneben meditiert Käthe-Kollwitz in Bronze neben spielenden Kindern. Die Künstlerin lebte und arbeitete über 50 Jahre am Platz.

Kauf Dich Glücklich
Ei

Anfang des 19. Jhs. sagte der Volksmund, »der echte Berliner ist nicht in Berlin geboren«. Neu-Berliner kamen damals aus Brandenburg, Ostpreußen und Schlesien. Heute scheint das wieder genauso zu gelten, nur hört man jetzt eher süddeutsche Dialekte.

Wir umrunden den Platz und biegen li. in die *Wörther Str.* und bei nächster Gelegenheit li. in die *Knaackstr.*, die zum imposanten **Wasserturm** ❸ führt. Li. ab in die *Rykestr.* Nach wenigen Metern bietet sich ein kurzer Halt auf der re. Seite, am Künstlerhaus am Wasserturm (Rykestr. Nr. 2). Gegenüber befindet sich die **Synagoge** ❹.

1,2 km
1,3 km

Wassertürme stehen auf den höchsten Plätzen einer Stadt, kein Wunder, dass auf dem Prenzlauer Berg gleich zwei Wassertürme errichtet wurden. Beherrscht wird der Platz von dem vorderen, jüngeren **Wasserturm**, dem »Dicken Hermann«. 1877 wurde der dicke Wasserturm nach Plänen des damaligen Direktors der Berliner Wasserwerke erbaut. Zur Wasserversorgung dient das Wahrzeichen des Bezirkes schon lange nicht mehr. Er beherbergt heute kurios geschnittene Wohnungen.

Die Modeateliers, Galerien und Antiquariate öffnen hier meist erst ab 11 Uhr oder sogar später. Kein Wunder, Frühstück servieren die Lokale hier bis in den späten Nachmittag. Gegenüber der Galerie am Wasserturm versteckt sich die gut bewachte **Synagoge**. Der Backsteinbau im neoromanischen Stil stammt vom Beginn des 19. Jhs. Von den Nazis als Pferdestall missbraucht, diente sie erst nach 1953 der kleinen Jüdischen Gemeinde Ostberlins. Sie ist heute eine der größten Synagogen in Deutschland.

Auf der kopfsteingepflasterten *Rykestr.* fahren wir weiter, überqueren die *Wörther Str.* und biegen re. in die *Sredzkistr.*, überqueren die *Prenzlauer Allee* über den Fußgänger-Übergang und erreichen auf der *Christburger Str.* leicht abfallend die *Winsstr.*, li. ab bis zur *Danziger Str.*, wieder li. ab und wenig später re. in die *Ella-Kay-Str.* Nach zwei Straßeneinmündungen biegen wir halblinks auf einen Fahrrad- und Fußweg, der durch den **Ernst-Thälmann-Park** ❺ und am **Planetarium** ❻ vorbei zur *Prenzlauer Allee* führt.

2,9 km
3,3 km

Zu Beginn der Kaiserzeit wurden am S-Bahn-Ring städtische Infrastrukturen und großflächige Versorgungswerke angelegt. Nördlich der *Danziger Straße* entstand ein gewaltiges Gaswerk. Viele waren froh, als in den 1970er und 1980er Jahren das stinkende Gaswerk abgerissen wurde und Platz für eine großzügige Grünfläche und ein Wohngebiet machte. Die Plattenbauten im **Ernst-Thälmann-Park** wurden zum Vorzeigeprojekt des »Sozialistischen Wohnens«. Ein monumentales Bronzedenkmal zu Ehren Ernst Thälmanns, des ehemaligen KPD-Vorsitzenden und von der DDR geehrten Widerstandskämpfers gegen das NS-Regime, steht noch nahe der *Greifswalder Straße.* Dort verlief die ehemalige Protokollstrecke, der Weg Erich Honeckers und der Genossen von Wandlitz in das Zentrum Ost-Berlins.
Das Zeiss-Groß-**Planetarium** erklärt seinen Besuchern nach wie vor den Himmel über Berlin.

Ernst-Thälmann-Park

Wir biegen re. in die *Prenzlauer Allee*, überqueren den S-Bahn-Ring und biegen wenig später re. in die *Grellstr.* Bei nächster Gelegenheit geht es li. in die *Gubitzstr.* bis zur *Erich-Weinert-Str.* Dort biegen wir li. ein.

Der Bauhausarchitekt Bruno Taut baute in den 20er Jahren des 20. Jh. in Berlin diverse Siedlungen mit rund 12.000 Wohnungen. Neben der »Hufeisensiedlung« in Britz und der Waldsiedlung »Onkel Toms Hütte« in Zehlendorf verdient die großflächige **Siedlung Carl Legien** ❼ besondere Beachtung. Badezimmer, Tageslicht, Balkone und Grün sollten auch der einfacheren Bevölkerung ein angenehmeres Wohnen ermöglichen.

Wir folgen der *Erich-Weinert-Str.* über die *Prenzlauer Allee* bis zur *Dunckerstr.* Hier biegen wir li., fahren über den S-Bahn-Ring bis zur *Stargarder Str.*, der wir nach re. folgen. Linker Hand passieren wir die Ausläufer des **L.S.D.-Viertels**. Wer mag, kann einen Abstecher zum *Helmholtzplatz* unternehmen. Der stärker befahrenen *Stargarder Str.* folgen wir über *Lychener Str.* und *Pappelallee* hinweg bis zur **Gethsemane-Kirche** ❽. Unmittelbar vor ihr biegen 5,8 km
wir re. in die *Gethsemane-Str.* und gelangen zur *Greifenhagener Str.*, biegen dort li. und erreichen wieder die *Stargarder Str.*

Das **L.S.D.-Viertel** markiert das Quartier rund um den *Helmholtzplatz*, zwischen ***L**ychener*, ***S**chliemann-* und ***D**unckerstr.* Frisch restaurierte Fassaden wechseln hier noch mit dem Grau vergangener Tage ab. Jeden Tag eröffnen neue Cafés und Kneipen - viele nur für ein paar Wochen oder Monate, manche bleiben »ewig«. Das dicht bebaute Viertel gilt als eine Bastion der alternativen Szene im Bezirk, Gutverdiener sind aber auch keine Seltenheit mehr.
In der **Gethsemane-Kirche** finden neben den Gottesdiensten häufig Kulturveranstaltungen statt. Bis 1989 war sie ein Zentrum der Ostberliner Bürgerbewegung.

Der *Stargarder Str.* folgen wir nach
6,2 km re. bis zur **Schönhauser Allee** ❾, die wir überqueren und den Weg in der gegenüberliegenden *Gleimstr.* fortsetzen. Schon bald biegen wir li. in die *Cantianstr.*, passieren die Groterjan-Brauerei und biegen in Höhe des Cafés Cantian nach re. Durch eine kleine Pforte gelangen wir in den **Friedrich-Ludwig-Jahn-Sport-**
6,8 km **park** ❿ und folgen dem Weg, der auf ein Wege-T mündet. Hier re. ab, an Tribünengebäuden vorbei bis zur **Max-**
7,4 km **Schmeling-Halle** ⓫. Dahinter biegen wir li. zu deren Haupteingang.

Die **Schönhauser Allee** ist eine große, hektische und laute Straße - das Großstadtleben pulsiert hier besonders heftig. Die U-Bahn rattert hier nicht im Tunnel, sondern wurde, um Baukosten zu sparen, zur Hochbahn.

Am Haupteingang der Sporthalle vorbei gelangen wir zum **Mauer-**
7,5 km **park** ⓬. Dort biegen wir li. in einen Weg, die alte *Schwedter Str.*, überqueren an dessen Ende die *Bernauer Str.* und biegen halblinks in die *Oderberger Str.* Bei Hausnummer 15 auf der linken Seite besteht die Möglichkeit, das Fahrrad abzustellen und durch den Hauseingang zum
8,3 km **Hirschhof** ⓭ zu gelangen.

In der Nacht zum 1. Mai sollten Sie den **Mauerpark** meiden, hier fliegen dann regelmäßig Bierflaschen und Steine. Sonst geht es auf dem ehemaligen Mauerstreifen recht friedlich zu (s. Tour 3, Mauertour).

Buntes Leben spielt sich auf der *Oderberger Straße* ab. Die Cafés und kleinen Restaurants sind immer gut gefüllt und bieten für jeden Geschmack und Geldbeutel etwas. Erfindungsreich präsentieren sich der »Imbiss« Hüftengold oder der Eis & Co.-Laden »kauf dich glück-

Kneipenkultur am Prenzlauer Berg

lich«. Der so genannte **Hirschhof** entstand bereits 1983/84 unter Einbeziehung einer Mieterinitiative. Hinterhofromantik aus längst vergangenen Zeiten kommt hier auf. Namenspate für den Hof ist ein großer metallener »Schrott-Hirsch«. Originalrelikte des Stadtschlosses wurden kunstvoll in dem Hof verbaut. Der Hof grenzt an den Prater, den ältesten Biergarten Berlins. Wie wäre es mit einem Abstecher in die *Kastanienallee* zum Prater oder zur U-Bahn-Station Eberswalder Straße? Dort bereitet Konnopke eine der besten Currywürste der Stadt. Hier steht »Ost-Berlin« noch Schlange.

Weiter auf der *Oderberger Str.* queren wir die *Kastanienallee* und gelangen bis zur *Choriner Str.* Hier li. ab und über die *Schönhauser Allee* in die *Sredzkistr.* Gleich links fahren wir durch
8,8 km den Haupteingang der **Kulturbrauerei** ⑭, deren Gelände wir durchqueren.

Das grundsanierte, denkmalgeschützte Bauensemble der **Kulturbrauerei** ist ein bedeutendes Zeugnis der Industriearchitektur in Berlin. Schultheiß ließ die seinerzeit größte Brauerei Europas Ende des 19. Jh. errichten. Im ehemaligen Sudhaus öffnete mittlerweile ein Kino seine Pforten und ist Teil der zahlreichen kulturellen und gastronomischen Einrichtungen.

Wir verlassen die **Kulturbrauerei**
8,8 km ⑭ auf der nördlichen Seite und biegen nach re. in die *Knaackstr.* Dieser folgen wir immer geradeaus über die *Sredzkistr.* hinweg. Bei der nächsten Kreuzung biegen wir re. in die *Wörther Str.* Dieser folgen wir bis zur Einmündung auf der *Schönhauser Allee*, auf die wir li. auf den Fahrradweg abbiegen. Auf der linken Seite taucht der **Jüdische**
9,5 km **Friedhof** ⑮ auf.

Auf dem **Jüdischen Friedhof** Schönhauser Allee ruhen berühmte Berliner Persönlichkeiten aus Politik, Wirtschaft, Wissenschaft und Kunst. Die bekanntesten sind der Maler Max Liebermann, der Komponist Giacomo Meyerbeer und der Verleger Leopold Ullstein. Der Eingang befindet sich Schönhauser Allee 23-25, Herren müssen beim Besuch Kopfbedeckung tragen! (Mo - Do 8 - 16 Uhr, Fr 8 - 13 Uhr Sa/So geschl.).

Unser Weg führt am schon bekannten **Senefelder Platz** und an einem großen Biergarten und Kulturzentrum (Pfefferwerk) vorbei. Die *Schönhauser Allee* endet auf der *Torstr.* Auf der gegenüberliegenden Seite bietet sich der **U-Bhf. Rosa-Luxemburg-Platz** ⓰ zur Rückfahrt an. 11,0 km

Fassade Kulturbrauerei

Kreuzberg: Alternativ & anders

Anhalter Bahnhof - Urbanhafen - Kottbusser Tor - Mariannenplatz - Wiener Straße

Wedding, Prenzlauer Berg, Neukölln und auch Kreuzberg waren früher nicht gerade vornehme Adressen. Hier lebte dicht gedrängt das Proletariat, das in den Fabriken rund um die Uhr schuftete und in erbärmlichen Verhältnissen wohnte. Nach dem Zweiten Weltkrieg und mit dem Wegzug der Fabriken aus Kreuzberg ging das Berliner Arbeitermilieu unter. Viele Arbeiter verließen nicht nur ihren Kiez, um in modernen Wohnungen mit Bad und Zentralheizung zu leben. Die maroden Mietshäuser boten nun Platz für neue Bewohner. Vor allem Aussteiger, Punks, Künstler, Gastarbeiter und Studenten lockten die günstigen Mieten und leer stehenden Wohnungen. Klein-Istanbul und Kreuzberger Bohéme lagen direkt beieinander und lebten doch in ganz

unterschiedlichen Welten. Andersdenkende, Radikale und Hausbesetzer fanden im berüchtigten SO 36 direkt an der Mauer auch bald ihre Nische am Rande Berlins.

Mit dem 9. November 1989 fand die Kreuzberger Idylle ein überraschendes Ende, und es folgte eine Phase der Lethargie. Plötzlich waren Mitte und Prenzlauer Berg, später Friedrichshain, die jungen Wilden unter den Bezirken. Kreuzberg galt als gestrig und muffig. Es trauere seinen 68er Idealen hinterher und sei einfach nicht mehr zeitgemäß, hieß es. Inzwischen weht ein neuer Wind durch die Straßen. Der Bezirk liegt heute wieder zentral, Besserverdienende ziehen in umgebaute Fabrikgebäude mit schicken Lofts. Die Mieten steigen, die Bewohner wechseln schon wieder. Und doch ist noch etwas vom alten »Kreuzberger Geist« zu spüren.
Auf unsere Tour werden Sie erfahren, wie unterschiedlich sich die Kreuzberger Quartiere entwickeln. Wir starten unweit des Potsdamer Platzes und begeben uns auf den Kreuzberg, von dem wir unsere nächsten Ziele sehen: den Landwehrkanal und die Häuserblöcke des berüchtigten, multikulturellen SO 36 im Süden.

Start:	S-Bahnhof Anhalter Bahnhof
Ziel:	U-Bahnhof Schlesisches Tor
Streckenlänge:	ca. 14 km
Sehenswürdigkeiten:	Riehmers Hofgarten, Viktoriapark, Nationaldenkmal für die Befreiungskriege, Bergmannstr., Landwehrkanal, Urbanhafen, Künstlerhaus Bethanien
Anschlussmöglichkeiten:	Vom Schlesischen Tor gelangt man schnell über die Oberbaumbrücke zur Warschauer Str. und kann mit Tour Good bye Lenin? fortsetzen.

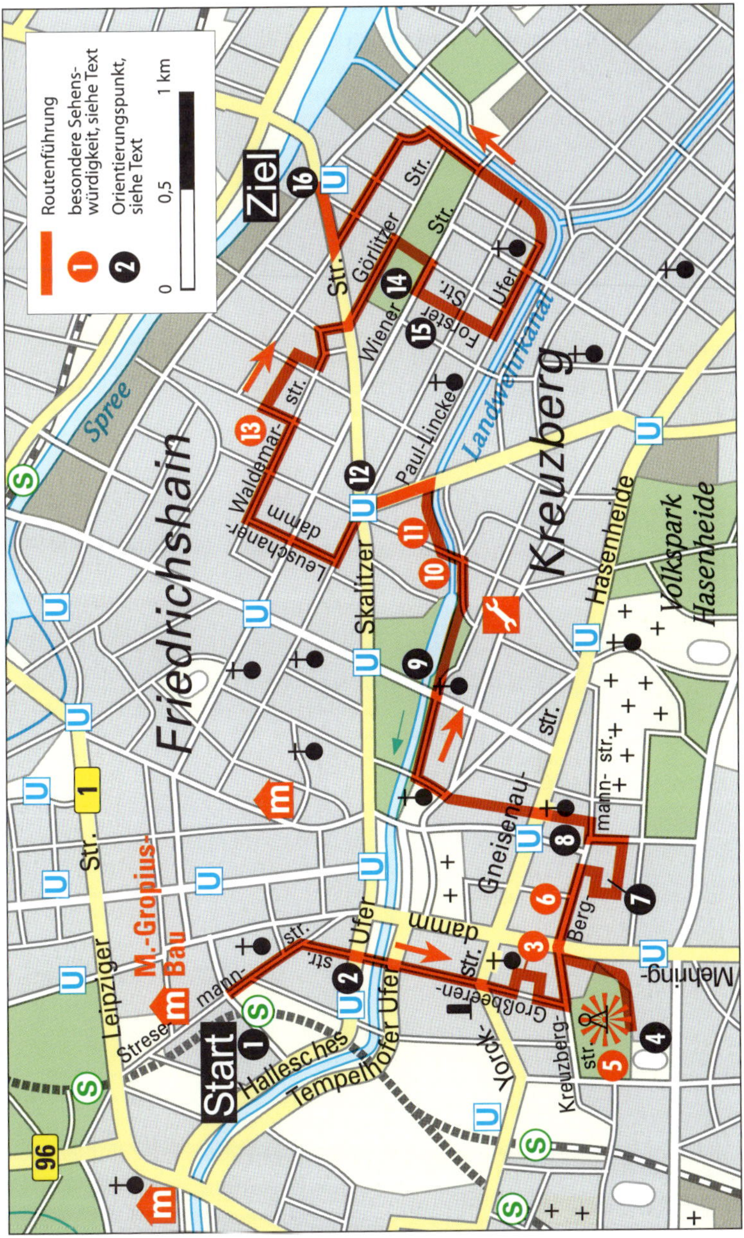

Routenführung
besondere Sehenswürdigkeit, siehe Text
Orientierungspunkt, siehe Text
0
0,5
1 km
Friedrichshain
Kreuzberg
Spree
Landwehrkanal
Volkspark Hasenheide
Start
Ziel
M.-Gropius-Bau
Leipziger Str.
Stresemannstr.
Hallesches Ufer
Tempelhofer Ufer
Großbeerenstr.
Yorckstr.
Kreuzbergstr.
Mehringdamm
Bergmannstr.
Gneisenaustr.
Hasenheide
Skalitzer Str.
Leuschnerdamm
Waldemarstr.
Paul-Lincke-Ufer
Wiener Str.
Forster Str.
Görlitzer Str.
Ufer
Str.
1
96

Die Tour auf einen Blick:

Nr.	km	Beschreibung
1		**S-Bhf. Anhalter Bahnhof**, re. *Stresemannstr., Ida-Wolff-Platz*, re. *Großbeerenstr.*, über Landwehrkanal, unter
2	0,7	**U-Bahn Linie 1**, li. Großbeerenstr. Nr. 56/57 li.
3	1,5	**Riehmers Hofgarten**, re. *Hagelberger Str.*, li. *Großbeerenstr.*, li. *Kreuzbergstr.*, re. *Methfesselstr.* bis
4	2,6	**Viktoriaquartier**, re.
5	2,9	Viktoriapark mit **Nationaldenkmal für die Befreiungskriege**, zurück, li. *Methfesselstr.*, re. *Kreuzbergstr.* über *Mehringdamm* in
6	3,7	**Bergmannstr.**, re. *Schenkendorfstr.*, re. *Arndtstr.*, li.
7	4,2	**Chamissoplatz**, li. *Willibald-Alexis-Str.*, li. *Friesenstr.* bis
8	4,8	**Marheineke-Markthalle**, re. und dahinter li. über Platz in *Mittenwalder Str.*, über *Gneisenaustr.* bis *Brachvogelstr.* bis Landwehrkanal, vor **Brücke** re. auf Uferweg bis *Carl-Herz-Ufer*, Restaurant Altes Zollhaus, über *Baerwaldstr.*, Uferweg entlang zum
9	6,5	**Urbanhafen**, Uferweg weiter bis
10	6,9	**Admiralbrücke**, li. über Landwehrkanal, re. *Fraenkelufer*,
11	7,1	**Synagoge**, li. *Kottbusser Damm* bis
12	7,7	**Kottbusser Tor** re., über *Skaltitzer Str. (U-Bahn)*, re. *Reichenberger Str.*, re. *Erkelenzdamm, Oranienplatz, Leuschnerdamm*, re. *Waldemarstr.* bis
13	9,3	**Mariannenplatz** li., Blick auf **Künstlerhaus Bethanien**, re. *Muskauer Str.*, re. *Pücklerstr.* bis li. *Lausitzer Platz*, Verlauf um Kirche folgen, über *Skalitzer Str. (U-Bahn)* hinweg in *Görlitzer Str.* bis *Oppelner Str. (li.)*, re. durch
14	10,6	**Görlitzer Park** über Hauptweg queren, re.
15	11,1	**Wiener Str.** li. *Forster Str., Paul-Lincke-Ufer*, li. Uferweg am Landwehrkanal, *Ratiborstr.*, re. *Görlitzer Ufer, Heckmannufer*, li. *Taborstr.*, li. *Wrangelstr.*, re. *Skalitzer Str.* bis
16	14,0	**U-Bhf. Schlesisches Tor**

Mit dem Rücken zum Portal des **S-Bhf. Anhalter Bahnhof** 1 (S1, S2, S21) biegen wir nach re. in die *Stresemannstr.*, der wir bis zum *Ida-Wolff-Platz* folgen.

Viele der historischen Berliner Fernbahnhöfe haben den Krieg nicht überlebt. Fernreisende gelangen schon lange nicht mehr zum Stettiner, Görlitzer oder **Anhalter Bahnhof**. Hier erinnert nur noch ein Fragment des Portals an den alten Kopfbahnhof, dessen Ruinen 1960 gesprengt wurden. Die Taxen nutzen noch den alten

Nationaldenkmal erbaut von Schinkel

Droschkenstand und warten auf Gäste, die heute mit der S-Bahn kommen. Vor dem Zweiten Weltkrieg war diese Gegend ein pulsierendes Stück Berlin. Hier stand einmal das seinerzeit größte Hotel Europas, das Excelsior. Während die Luxushotels heute an anderer Stelle ihren Platz gefunden haben, sind in dieser Gegend vor allem preiswerte neue Hotels entstanden.

Am *Ida-Wolff-Platz* biegen wir nach re. in die *Großbeerenstr.*, über den Landwehrkanal hinweg. Dabei unterqueren wir
0,7 km Berlins älteste U-Bahn, die **Linie 1** ❷. Wir setzen unseren Weg auf dem Radstreifen durch die *Großbeerenstr.* fort. Nach Überqueren der *Yorkstr.* biegen wir in der *Großbeerenstr.* Nr. 56/57 li. ab, in
1,5 km **Riehmers Hofgarten** ❸.

Die **U-Bahn Linie 1** ist Berlins älteste U-Bahnlinie und feierte kürzlich ihren 100. Geburtstag. Sie verläuft auf der ehemaligen Stadtgrenze von Berlin. Ihre Stationen Hallesches, Kottbusser und Schlesisches Tor zeugen noch davon. Vor den Toren des alten Berlin entstanden die Gürtel mit der Mietshausbebauung.

Für das Wohnen des gehobenen Bürgertums hatte der Maurermeister Wilhelm Riehmer andere Vorstellungen. In mehreren Bauabschnitten errichtete er eine großzügige Anlage entlang von zwei Privatstraßen. Mit seinen Gartenhäusern in **Riehmers Hofgarten** erfüllte er seinen Traum, eine ruhige, beschauliche Insel herrschaftlicher Häuser inmitten der Großstadt zu schaffen. Das ist auch heute noch so, und in das schöne Restaurant kommt man gern wieder.

1,5 km Wir verlassen **Riehmers Hofgarten** ❸ durch den Ausgang *Hagelberger Str.*, biegen dort re. und erreichen wieder die *Großbeerenstr.*, in die wir nach li. abbiegen. Sie führt zur *Kreuzbergstr.*, in die wir li. biegen. Ihr folgen wir bis zur *Methfesselstr.*, re. ab fahren wir ansteigend bis vor den Eingang des **Viktoria-**
2,6 km **quartiers** ❹. Vor den Gebäuden der ehemaligen **Schultheiss-Brauerei** biegen wir re. und fahren am Rande des Viktoriaparks hinauf, bis kurz vor das **Nationaldenkmal für die Befreiungs-**
2,9 km **kriege** ❺. Die letzten Meter laufen Sie bitte zu Fuß.

Der Viktoriapark wurde Ende des 19. Jhs. um das so genannte Kreuzbergdenkmal von Karl Friedrich Schinkel errichtet. Ein Teil des ansteigenden Geländes in der Achse zur *Großbeerenstraße* erhielt eine künstliche Schlucht mit einem felsigen Wasserfall. Das **Nationaldenkmal** auf dem »Gipfel« ist wesentlich älter und erinnert an die Befreiungskriege, die Preußen gegen Napoleon führte. Friedrich Wilhelm III. ließ es auf den südlichen Höhen 1817-21 vor den Toren der Stadt errichten. Der junge Architekt Schinkel gestaltete es im Stil der »romantischen Neogotik«. Von hier aus hat man einen herrlichen Blick über Berlin. Außerdem ist der Park auch bei unseren türkischen Großfamilien als Picknickplatz beliebt.

Gleich unterhalb des Nationaldenkmals erstrecken sich am Südhang trutzig die backsteinroten Gebäude der ehemaligen **Schultheiss-Brauerei**. Bier wird hier nicht mehr gebraut. Stattdessen sind neue Eigentümer in die schicken Lofts, neuen Townhouses und Gewerberäume des großen Areals eingezogen. Wie bei der Kulturbrauerei im Prenzlauer Berg (s. Tour 6) entsteht eine Mischung aus Wohnen, Arbeiten und Kultur.

Wir verlassen den Viktoriapark wie gekommen und fahren zurück zur *Methfesselstr.*, wieder li. hinunter bis zur *Kreuzbergstr.* . In diese biegen wir nach re. ab und überqueren den *Mehringdamm*. Wir setzen unseren Weg auf der gegenüberliegenden Straßenseite in der **Bergmannstr.** 6 fort. Ihr folgen wir 3,7 km bis zur *Schenkendorfstr.*, in diese re. ab bis zur *Arndstr.*, der wir nach re. bis zum **Chamissoplatz** 7 folgen. 4,2 km

Die **Bergmannstraße** ist die Lebensader des Quartiers rund um den Viktoriapark. Hier laden viele Cafés zu einer Pause ein. Indische, mexikanische, türkische oder thailändische Imbisse und Restaurants kommen dazu. Kleine Läden bieten Feinkost, Köstlichkeiten aus dem Orient, Wein, Trödel oder Künstlerbedarf an. Urlaubserinnerungen vom Mittelmeer kommen auf: Schafskäse, Olivenpasten, Vino Tinto und türkische Linsen stapeln sich in den Regalen. Die Ladenbesitzer sind häufig Türken, die hier vornehmlich deutsche Kunden bedienen. Darunter sind viele, die als Studenten nach Kreuzberg kamen und blieben. Heute arbeiten sie als Journalisten, Rechtsanwälte oder Ärzte und können sich die steigenden Mieten leisten. Die Studierenden von heute ziehen eher nach Friedrichshain.

Wir biegen am Ende des **Chamissoplatzes** 7 li. in die *Willibald-Alexis-Str.*, der wir bis zur *Friesenstr.* folgen. Hier biegen 4,2 km wir nach li. und fahren bis zur **Markthalle** 8 am *Marheinekeplatz*. 4,8 km

Die **Marheineke-Markthalle** ist eine der letzten Markthallen Berlins, wo an Ständen noch frische Ware feilgeboten wird. Die Auswahl spiegelt die Bedürfnisse der Kunden wider, mediterranes Gemüse, Biobrot, Ananas und Kokosmilch, frischer Kuchen und Hackepeter. Das Angebot ist so bunt wie die Besucher.

Vor der Markthalle stehend, biegen wir nach re. auf den
Radweg, den wir hinter der Halle gleich wieder li. abbiegend
verlassen. Wir queren den *Marheinekeplatz* und fahren gerade-
aus in die *Mittenwalder Str.*, der wir über die *Gneisenaustr.* hin-
weg bis zur *Brachvogelstr.* folgen. Sie führt bis zum Landwehr-
kanal. Noch vor der **Brücke** biegen wir nach re., folgen dem Ufer-
weg, am Biergarten Brachvogel vorbei. Der Weg mündet auf die
Str. *Carl-Herz-Ufer*, der wir am Landwehrkanal entlang folgen.
Vorbei am Alten Zollhaus, gelangen wir zur *Baerwaldstr.*, die wir
überqueren, und folgen weiter dem Uferweg entlang des **Ur-**
6,5 km **banhafens** ❾.

Der 10,3 km lange Landwehrkanal diente als städtischer Versorgungsweg und Umfahrung der Spree, die den zunehmenden Schiffsverkehr Mitte des 19. Jh. kaum noch aufnehmen konnte. Ab 1891 wurde der innerstädtische **Urbanhafen** angelegt, der bis 1963 genutzt wurde und Kreuzberg vornehmlich mit Bau- und Brennmaterial versorgte. Da er keinen Gleisanschluss hatte und baulich eingegrenzt war, wurde er zugeschüttet. Da Bauflächen im eingeschlossenen West-Berlin knapp waren, nutzte man das neu gewonnene Gelände für einen Erweiterungsbau des Krankenhauses Am Urban. Heute verkehren viele Ausflugsdampfer auf dem Kanal. Empfehlenswert ist eine Pause auf dem netten holländischen Frachtensegler »Van Loon« (Tel. 030 / 692 62 93).

6,9 km Wir folgen dem Uferweg bis zur **Admiralbrücke** ❿. Hier bie-
gen wir nach li., überqueren den Landwehrkanal. Auf der
gegenüberliegenden Kanalseite biegen wir re., folgen dem *Fra-*
7,1 km *enkelufer* an der **Synagoge** ⓫ vorbei bis zum *Kottbusser Damm*.
Dort biegen wir nach li. und fahren auf dem Radweg bis zum tur-
7,7 km bulenten Kreisverkehr am **Kottbusser Tor** ⓬.

Die 1880-82 gebaute **Admiralbrücke** ist die älteste erhaltene schmiedeeiserne Bogenbrücke über den Landwehrkanal. Gitter und Kandelaber wurden noch von Hand geschmiedet. Am *Fraenklufer* steht die orthodoxe **Synagoge**, deren Hauptgebäude in der Reichspogromnacht 1938 in Flammen aufging. An diesem Ort wurde 1935 Regina Jonas zur ersten Rabbinerin weltweit berufen. Sie wurde 1942 nach Theresienstadt deportiert und in Auschwitz ermordet.

Admiralbrücke

Am *Kottbusser Damm* beginnt das türkisch geprägte Kreuzberg. Der Weg zum **Kottbusser Tor** ist gesäumt von türkischen Geschäften, Gemüsehändlern, Dönerläden, Friseuren und Banken. Dienstags und freitags stapeln die Händler Tomaten, Artischocken, Gemüsepaprika und Knoblauch auf dem Türkenmarkt am *Maybachufer*/Ecke *Kottbusser Damm*. Hier lässt sich schnell ein Picknick einkaufen.

Die Gegend rund um das **Kottbusser Tor** ist verrufen als Drogenumschlagsplatz und Problemkiez. Die Hochbahn rumpelt durch die *Skalitzer Str.*, auf der der Verkehr tost. Hier hat man in den 1960er und frühen 1970er Jahren so genannte Kahlschlagsanierung durchgeführt. Die verkehrsgerechte Stadt war Leitbild für die Stadterneuerungspolitik dieser Zeit. Die Bedürfnisse der Anwohner blieben außen vor. Die Folgen sind noch heute sichtbar. Unwirtliche und hässliche Bauten prägen die Gegend rund um das Kottbusser Tor. Billige Geschäfte säumen Platz und Straße. Schnell, laut und ungeschminkt - das ist die andere Seite des Alltags in Kreuzberg.

Wir umrunden den Kreisverkehr am **Kottbusser Tor** zu Dreivierteln über die *Skalitzer Str.* und biegen nach re. in die *Reichenberger Str*. Dieser folgen wir bis zum *Erkelenzdamm*. Hier biegen wir nach re. und fahren auf dem Mittelstreifen bis zum

Oranienplatz. Da das Radfahren auf der stark befahrenen Oranienstraße wenig Freude bereitet, überqueren wir den *Oranienplatz* und fahren auf dem *Leuschnerdamm* bis zur *Waldemarstr.* Hier biegen wir nach re. Der *Waldemarstr.* folgen wir bis zum **Ma-
9,3 km **riannenplatz** ⑬. Dort biegen wir li. ab und fahren am Platz entlang bis zur *Muskauer Str.*

Der Kiez rund um die *Oranienstraße* hat sich inzwischen verändert. Trotzdem finden sich hier immer noch zahlreiche türkische Gemüsehändler und Bäckereien, Kulturvereine und eine Vielzahl von Restaurants und Imbissen mit den Küchen aller Herren Länder. Bars und Kneipen säumen die *Oranienstraße*, auf der immer Betrieb ist. Auffällig ist das Fehlen großer Supermärkte. Die Bewohner pflegen eher alternative Lebensstile und kaufen noch in den kleinen Läden oder auf den Märkten ein. Das zeigt auch das Stadtbild, das von Bio-Läden, Fahrrad- und Musikinstrumentenhändlern, Einzelhändlern mit Kunsthandwerksprodukten und diversen Ateliers geprägt ist. Die Berliner Türken haben ihre eigenen Geschäfte.

Die Bauweise der Häuser ist typisch für die so genannte »Kreuzberger Mischung«. Gewerbe und Wohnen finden in einem Block statt. Vor allem im Erdgeschoss und in den hinteren Gebäudeteilen befinden sich in unmittelbarer Nähe zu den Wohnungen mittelständische Produktionsbetriebe. An den Hofeinfahrten weisen Informationstafeln als »stumme Portiere« darauf hin, welche Betriebe, Agenturen oder Medienbüros hier ansässig sind.

Der **Mariannenplatz** ist das Zentrum des Kiezes. Beherrscht wird die Westseite des Platzes durch das unter Denkmalschutz stehende **Künstlerhaus Bethanien**. An dessen backsteinerner Architektur ist noch die ursprüngliche Nutzung als Diakonissen-Krankenhaus ablesbar. Theodor Fontane trat hier 1848 seinen Dienst als Apotheker an.

9,3 km Wir verlassen den **Mariannenplatz** ⑬, indem wir in die *Muskauer Str.* einbiegen. Die kreuzt wenig später die *Pücklerstr.* Dort biegen wir nach re. und gelangen zum *Lausitzer Platz*. An der Stirnseite des Platzes biegen wir nach li. und umranden Platz und Kirche, bis wir zur *Skalitzer Str.* gelangen. Die überqueren wir und fahren in die *Görlitzer Str.* parallel zum **Gör-
10,6 km **litzer Park** ⑭. In Höhe der *Oppelner Str.* biegen wir nach re. und fahren auf dem Hauptweg durch den Park, den wir auf der gegenüberliegenden Seite wieder verlassen.

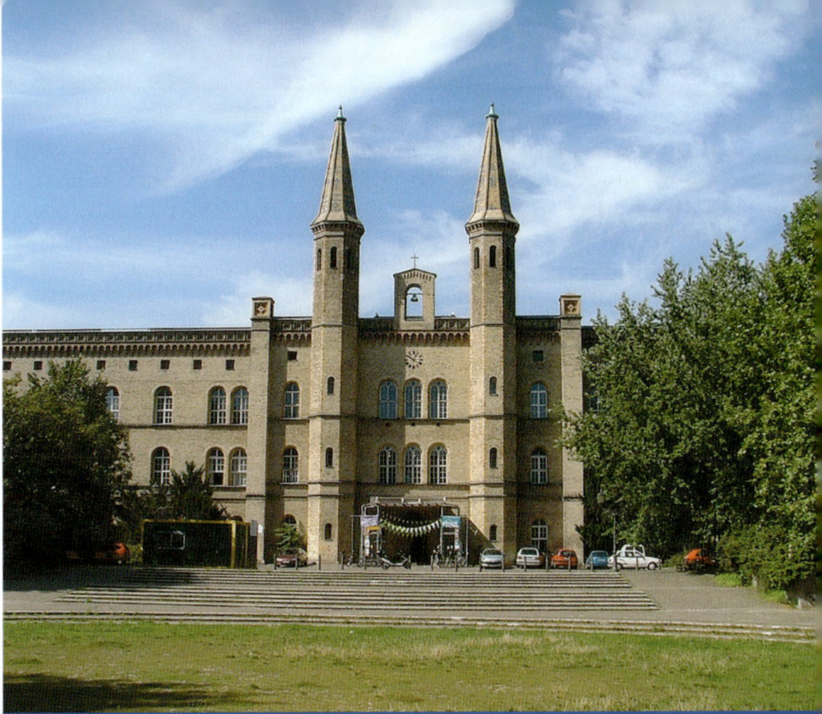

Künstlerhaus Bethanien am Mariannenplatz

Das Postamt 36 in der *Skalitzer Straße* gab dem berüchtigten Kreuzberger Bezirksteil seinen Namen: SO 36. Zu Mauerzeiten lag Kreuzberg vergleichsweise abseits im nordöstlichsten Winkel von Berlin. Die Spree gehörte unterhalb der Oberbaumbrücke bereits gänzlich zur DDR und war von hier nicht zugänglich. In diese Gegend zogen Menschen, die anders leben wollten. Aber auch viele Neuankömmlinge aus der Türkei fanden hier ihre zweite Heimat.

Der Görlitzer Güterbahnhof wurde im Krieg stark zerstört, das Gelände zum **Görlitzer Park** umgebaut, in dem alte Schuppen, Fundamente und eine Eisenbahnbrücke über den Landwehrkanal von seiner Vergangenheit zeugen.

Der Weg aus dem Park mündet auf die **Wiener Str.** ⓯. Hier biegen wir re. und fahren bei nächster Gelegenheit nach li. in die *Forster Str.* Dieser folgen wir bis zum *Paul-Lincke-Ufer* am Landwehrkanal. Wir biegen nach li. ab und folgen immer den Uferweg am Kanal entlang. Der Weg wird an der *Ratiborstr.* kurz unterbrochen. Wir folgen wenige Meter auf dieser Str. und biegen dann wieder auf den Uferweg nach re. ab. Am

11,1 km

Görlitzer Ufer führt der Weg weiter. Wir unterqueren die ehemalige Eisenbahnbrücke des **Görlitzer Parks** ⓮ und erreichen das *Heckmannsufer*. Dieser Str. folgen wir wenige Meter und biegen dann li. in die *Taborstr.* Kurz darauf biegen wir nach li. in die *Wrangelstr.* und fahren durch den gleichnamigen Kiez bis zur *Skalitzer Str.* Hier biegen wir nach re. und folgen dem
14,0 km Radweg bis zum **U-Bhf. Schlesisches Tor** ⓰.

Die Kneipen an der **Wiener Straße** wie die Morena Bar oder das Hanibal sind über Kreuzberg hinaus bekannt und locken das Ausgehvolk hierher.

Die gründerzeitlichen Mietshäuser im Wrangelkiez waren für ein buntes Völkchen vor dem Fall der Mauer eine gemütliche »Kuschelecke«. Die Qualität der Häuser wurde im Rahmen der IBA 1987 durch aufwendige Sanierungen stark verbessert. Nach dem Fall der Mauer änderte sich die Situation im Wrangelkiez. Viele Bewohner haben die Gegend aufgrund seiner neuen innerstädtischen Lage verlassen, da vor allem der Verkehr in der *Skalitzer* und *Köpenicker Straße* sprunghaft zugenommen hatte. Die Ruhe war passé. Zurück blieben die, die vielleicht keine Wahl hatten. Mittlerweile ist der Kiez fest in der Hand von Migranten. Es bleibt abzuwarten, ob das vom Senat eingeführte Quartiersmanagement Erfolge aufweisen wird.

Die Tour endet am **U-Bhf. Schlesisches Tor**, der für die U1 30 Jahre lang Endstation war. Heute verkehren die Züge wieder bis zur *Warschauer Straße* im ehemaligen Ostteil der Stadt. Kreuzberg und Friedrichshain haben mittlerweile fusioniert. Beide sind nach wie vor zwei ungleiche Geschwister. Wer mag, kann am U-Bahnhof Warschauer Str. gleich mit der nächsten Tour durch Friedrichshain fortfahren.

Häuserzeile im Wrangelkiez

Good Bye Lenin?
- Im Osten viel Neues

Boxhagener Platz - Karl-Marx-Allee - Volkspark Friedrichhain - Alexanderplatz

Heute bilden Friedrichshain, ehemals Ost, und Kreuzberg, ehemals West, einen gemeinsamen Bezirk. Historisch bestehen zwischen den beiden Teilbezirken viele Gemeinsamkeiten. Beide Gebiete sind dicht als Arbeiterwohnbezirke und Fabrikstandorte bebaut worden. Von den Massen von Zuwanderern, die um die Wende zum 20. Jh. nach Berlin kamen, strandeten viele in den Mietskasernenvierteln von Wedding, Prenzlauer Berg, Friedrichshain und Kreuzberg. Auch heute zählen die meisten Bewohner nicht gerade zu den Besserverdienenden in der Stadt.

In Friedrichshain sind die Zeiten der bröckelnden Häuser, der Hausbesetzungen und des Verfalls mittlerweile weitgehend passé. Viele Sanierungen sind abgeschlossen, die Mietshäuser sind farbenfroher geworden. Friedrichshain gilt mittlerweile als Szene-

Viertel; junge Leute bevölkern heute unzählige Bars, Kneipen und Restaurants. Rucksackreisende aus der ganzen Welt gesellen sich hinzu. In jedem Reiseführer wird die Kneipenszene in der Simon-Dach-Straße genannt. Ausgefallene kleine Szeneläden, eine Kneipe neben der anderen, Frühstück rund um die Uhr und sonntags Trödelmarkt am Boxhagener Platz charakterisieren den neuen Mikrokosmos.

Doch wenige Blöcke weiter sieht die Welt anders aus. Nachdem große Teile Friedrichshains im Zweiten Weltkrieg stark zerstört worden waren, wurde der Bezirk nach 1949 neu gestaltet. Unter Herrschaft des Sozialismus wurden »Neue Grundsätze des Städtebaus« entwickelt und schon in den 1950er Jahren umgesetzt. Beeindruckend ist die monumentale Magistrale zwischen Straußberger Platz und Proskauer Straße - die Karl-Marx-Allee. Später wuchsen verschiedene Generationen von Plattenbauten in den Himmel.

Was ist geblieben von 40 Jahren DDR? Was hat sich neu entwickelt? Das sind Leitfäden für unsere Tour von der Warschauer Str. bis zum Alexanderplatz. Große Verkehrsströme prägen mitunter das Bild, denen wir nicht immer entfahren können.

Start:	*U-Bahnhof Warschauer Str. (Friedrichshain)*
Ziel:	*U-Bahn Alexanderplatz (Mitte)*
Streckenlänge:	*ca. 10 km*
Wegbeschaffenheit:	*wechselhaft, häufig auch Kopfsteinpflaster; überwiegend kleine Straßen; immer wieder auch Abschnitte auf verkehrsreicheren Straßen, z. T. mit Straßenbahnverkehr*
Sehenswürdigkeiten:	*Simon-Dach-Str., Karl-Marx-Allee, Umspannwerk Ost, Volkspark Friedrichshain, Kino International, Café Moskau, Alexanderplatz*

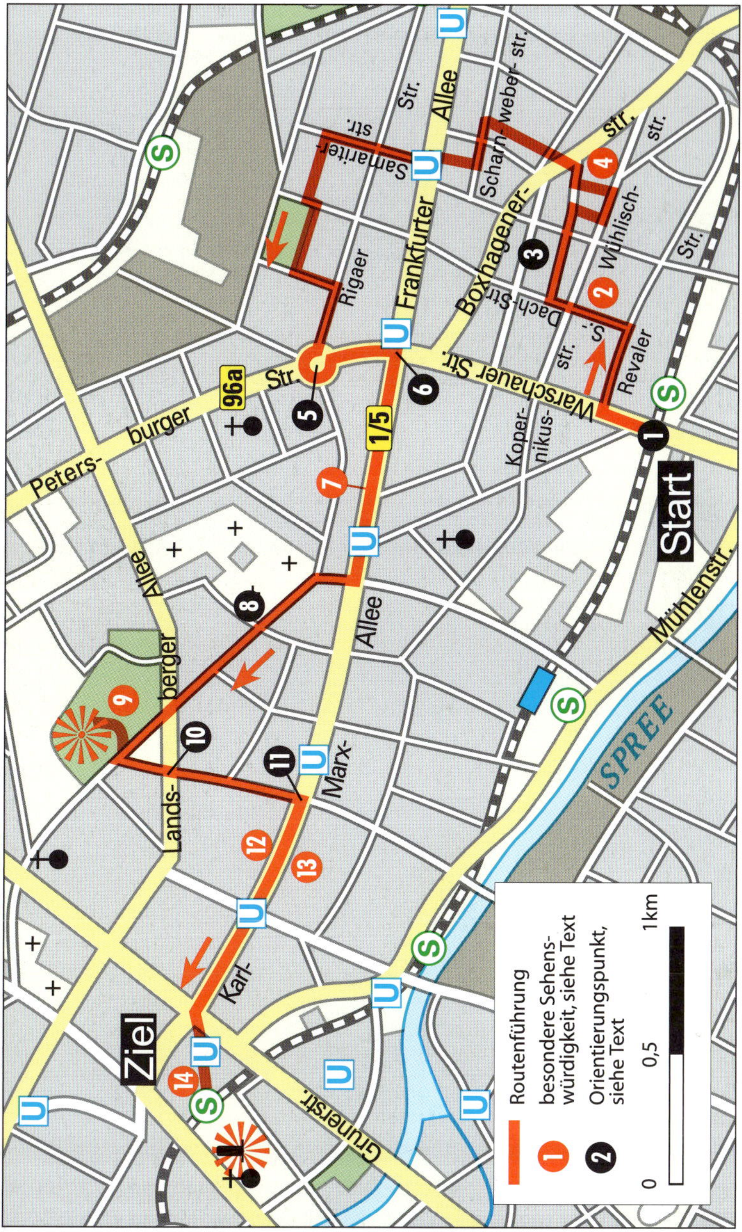
Start
Ziel
Warschauer Str.
Revaler
Wühlisch-
Str.
Boxhagener-
str.
Scharn- weber- str.
Samariter-
str.
Frankfurter
Allee
Rigaer
Str.
Dach-Str.
Koper-
nikus-
str.
Peters-
burger
Str.
96a
1/5
Lands-
berger
Allee
Karl-
Marx-
Allee
Mühlenstr.
Grunerstr.
SPREE
Routenführung
besondere Sehens-
würdigkeit, siehe Text
Orientierungspunkt,
siehe Text
0
0,5
1km

Die Tour auf einen Blick:

Nr.	km	Beschreibung
1		**S-Bahnhof Warschauer Str.**, re. *Warschauer Str.* über Brücke, re. *Revaler Str.*, li.
2	0,5	**Simon-Dach-Str.**, re. *Krossener Str.*,
3	1,0	**Boxhagener Platz**, re. *Seumestr.*, li. *Wühlischstr.*, li.
4	2,2	**Knorrpromenade**, re. *Krossener Str.*, über *Boxhagener Str.* in *Jungstr.*, li *Scharnweberstr.*, re. *Colbestr.*, über *Frankfurter Allee* (Fußgänger-Ampel), *Samariterstr.*, li. *Bänschstr.*, über *Proskauer Str.*, vorbei an *Forckenbeckplatz,* li. *Liebigstr.*, re. *Rigaer Str.*, re.
5	4,0	**Bersarinplatz**, umrunden *Petersburger Str.* (südl.) bis
6	4,5	**Frankfurter Tor**, re.
7	5,4	**Karl-Marx-Allee**, re. *Str. der Pariser Kommune*, halbli. *Friedensstr.*,
8	5,8	**Auferstehungskirche**, *Landsberger Allee* überqueren,
9	6,5	**Volkspark am Friedrichshain**, zurück zur *Friedenstr.*, li., re. in *Lichtenberger Allee*
10	7,5	**Platz der Vereinten Nationen**, geradeaus weiter bis
11	8,0	**Strausberger Platz**, re. *Karl-Marx-Allee*,
12	8,4	**Kino International** gegenüber
13	8,4	**Cáfe Moskau**, *Otto-Braun-Str.*, li. (»R1«)
14	9,3	**Alexanderplatz** (mit Bhf. Alexanderplatz)

Am **S-Bhf. Warschauer Str.** 1 wählen Sie den Ausgang zur *Warschauer Str.*, biegen re. und fahren auf der Radspur der *Warschauer Str.* bis zur *Revaler Str*. Dort biegen Sie re. ab.

Vom **S-Bahnhof Warschauer Str.** hat man einen grandiosen Blick auf die Silhouette von »Ost-Berlin« mit dem Fernsehturm im Zentrum.

0,5 km Der *Revaler Str.* folgen wir bis zur **Simon-Dach-Str.** 2. Hier biegen wir li. und folgen ihr bis zur *Krossener Str.* Dort geht
1,0 km es re. ab, am **Boxhagener Platz** 3 vorbei bis zur *Seumestr*. Hier biegen wir nach re. und gleich wieder li. auf die *Wühlischstr.*
2,2 km Dann wieder li. in die **Knorrpromenade** 4.

Diese Gegend war noch nie besonders vornehm. Im wilhelminischen Berlin hatte Zille unter anderem hier in seinen Zeichnungen und Bildern das »Milljöh« festgehalten. Liebevoll und sozialkritisch stellt er in seinen Werken das Leben des Proletariats dar. Ar-

Leuchtreklame Ost

beitsuchende, Arbeiter und kleine Angestellte lebten seinerzeit in den schäbigen Mietshäusern. Nur die **Knorrpromenade** bildete eine Ausnahme. Die großbürgerlich-repräsentative Wohnallee mit ihren gutbürgerlichen Mietshäusern wurde kurz vor Beginn des Ersten Weltkriegs angelegt. Torpfeiler markieren den Eingang und grenzen die »vornehmere« Wohnstraße von den Mietskasernen in der Nachbarschaft ab.

Zu DDR-Zeiten herrschte hier im Winter dicke Luft. Zum Rauch der Kohlebriketts gesellten sich ungefilterte Autoabgase aus Zweitaktmotoren. Die Häuser waren grau und dunkel, die Straßen nachts nur schummrig beleuchtet und leer. Das ist nun anders. In der **Simon-Dach-Straße** reiht sich eine Bar an die andere. Hier ist immer etwas los. Vor allem junge Leute bevölkern bis früh in den Morgen die angesagten Bars und Kneipen. Zwar wurden mittlerweile viele Häuser saniert, etwas Heruntergekommenes ist aber geblieben. Ist es diese Mischung, deren eigenartiger Charme vor allem junge Menschen aus »West-Deutschland« so fasziniert?

Die **Knorrpromenade** 4 mündet auf der *Krossener Str.* Hier geht es re. ab und gleich wieder li. in die *Jungstr.*, bis zur *Scharnweberstr.* Hier li. ab bis zur *Colbestr.*, in die wir nach re. abbiegen. Sie führt zur *Frankfurter Allee.* Wir überqueren diese an der Fußgänger-Ampel und setzen unseren Weg auf der gegenüberliegenden Seite in der *Samariterstr.* fort. In Höhe der **Sa-** 0,4 km

Strausberger Platz mit Blick in die Karl-Marx-Allee

mariterkirche biegen wir nach li. in die *Bänschstr.* Ihr folgen wir über die *Proskauer Str.* hinweg, an der Grünanlage Forckenbeckplatz vorbei bis li. in die *Liebigstr.*, re. *Rigaer Str.* bis **Bersa-**
4,0 km **rinplatz** ❺ hinunter, den wir umrunden. Auf der *Petersburger Str.*
4,5 km gelangen wir bis zum **Frankfurter Tor** ❻. Dort startet unsere
5,4 km Tour durch die **Karl-Marx-Allee** ❼. Wir biegen am **Frankfurter Tor** ❻ scharf nach re. durch die Allee. Der Weg führt am Filmtheater Kosmos vorbei. Hinter der **U-Bahnstation Weberwiese** erreichen wir die *Straße der Pariser Kommune*.

Der **Bersarinplatz** ist ein trister Platz und erinnert an die sozialistische Moderne. Das **Frankfurter Tor** steht schon lange nicht mehr. Einst markierte es Berlins östlichen Abschluss. Die **Karl-Marx-Allee** hatte schon einige Namen. Zu Stalins 70. Geburtstag wurde die *Große Frankfurter Straße* in *Stalinallee* unbenannt. Der Wiederaufbau der zerstörten Straße sollte unter einem anderen

Stern erfolgen. Ein Symbol für die neue sozialistische Zukunft musste her, nicht nur für Berlin, sondern für ganz Deutschland. Der Bau der Prachtstraße erfolgte in Rekordtempo. Traditionelle deutsche Stilelemente und neue Bauformen aus der Sowjetunion flossen in die die Gestaltung der Fassaden ein. In den oberen Geschossen entstanden dringend benötigte Wohnungen. In die unteren zogen Geschäfte, Restaurants und Cafés ein. Die Lebensbedingungen verschlechterten sich im Vergleich zu West-Berlin dennoch weiter. Es rumorte zunächst im Stillen, doch bald wurde der Ruf nach Freiheit, Butter und mehr Demokratie lauter. Bauarbeiter protestierten am 17. Juni 1953 zuerst hier, in der *Stalinallee*, gegen Lohnkürzungen. Der Aufstand brach völlig spontan und unorganisiert aus, auch wenn die SED-Propaganda ihn später als »faschistischen Putschversuch« durch westliche Agenten bezeichnen wird. Überleben konnte das SED-Regime und damit die DDR nur durch das brutale Eingreifen der sowjetischen Armee, die als Besatzungsmacht das Kriegsrecht verhängte. Die *Stalinallee* wurde weiter gebaut. Im Zuge der Entstalinisierung wurde sie 1961 in *Karl-Marx-Allee* umbenannt. Das vielfältige Ensemble mit Wohn- und Geschäftsbauten, kulturellen Einrichtungen, Promenaden, Gärten und Brunnenanlagen steht heute zum Teil unter Denkmalschutz. Viele Verkaufs-

Märchenbrunnen im Volkspark Friedrichshain

Café Moskau, Mosaik »Völker der Sowjetunion«

flächen stehen allerdings leer. Das denkmalgeschützte Kino Kosmos (1960-62) zeigt heute meist Kassenschlager aus Hollywood.

An der *Str. der Pariser Kommune* biegen wir re. ab und gelangen halblinks auf die *Friedensstr.* Linker Hand ist das **Umspannwerk Ost** zu sehen. Wir fahren aber weiter geradeaus, vorbei an verschiedenen evangelischen Friedhöfen und der **Auf-**
5,8 km **erstehungskirche** ❽.

Die Berliner Elektrizitätswerke errichteten Ende des 19. Jhs. das **Umspannwerk Ost** in der Palisadenstrasse 48. Das Industrie- und Technikdenkmal ist heute mit neuem Leben erfüllt. Konzerte und Veranstaltungen oder ein Besuch des Restaurants sind allein schon aufgrund der schönen Industriearchitektur empfehlenswert.

Wir überqueren die *Landsberger Allee* und folgen weiterhin der *Friedensstr.*, die nun parallel zum **Volkspark am Frie-**
6,5 km **drichshain** ❾ verläuft. An der Einmündung auf den Radfahrweg kann man das Rad auf den Aussichtspunkt Friedrichshain schieben (Radfahren ist im Park nicht gestattet).

Der **Volkspark Friedrichhain** ist nicht nur bei den Bewohnern des nahen Bötzowviertels überaus beliebt. Als Gegenstück zum Tiergarten entstand im Osten der Stadt Mitte des 19. Jh. dieser schöne Park. Beliebt ist der Märchenbrunnen am Parkeingang. Ehemalige Bunker wurden mit Trümmern überschüttet und bilden jetzt Erhöhungen mit schöner Aussicht. Gut frühstücken und essen kann man im Café Schoenbrunn mitten im Park (Tel. 030 / 46 79 38 93).

Nach der Erholungs- und Aussichtspause geht es zurück zur *Friedensstr.*, die wir links bis zur *Lichtenberger Str.* zurückfahren. In diese biegen wir re. ab und erreichen den **Platz der Vereinten Nationen** ⑩. 7,5 km

Das spätestens mit dem Film »Good Bye, Lenin!« in ganz Deutschland bekannte Lenindenkmal befand sich in Friedrichshain auf dem *Leninplatz*, dem heutigen **Platz der Vereinten Nationen**. Es wurde wenige Tage vor dem 100. Geburtstag von Wladimir Iljitsch Lenin (1870-1924) eingeweiht. Trotz zahlreicher Proteste wurde es Anfang der 1990er Jahre abgerissen. An der Stelle des Denkmals befindet sich heute ein steinerner Brunnen.

Kino International

Durch eine Plattenbausiedlung geht es geradeaus weiter
8,0 km zum **Strausberger Platz** ⓫. Hier biegen wir re. in Richtung
Alexanderplatz ⑭, der am Fernsehturm zu erkennen ist. Wir
8,4 km kommen jetzt am **Kino International** ⑫ und dem gegenüber-
liegenden **Café Moskau** ⑬ vorbei.

In den 1960er Jahren hatte der Städtebau im Sozialismus einen heftigen Umschwung in Richtung Moderne vollzogen. Architekten und Stadtplaner rümpften die Nase über die 1950er Jahre-Bauten in der *Karl-Marx-Allee*, die als so genannte stalinistische Zuckerbäckerbauten abgetan wurden. Moderne, schnörkelfreie Hochhäuser waren jetzt wieder gefragt. Unterbrochen werden die Hochhäuser durch das **Café Moskau**. An der Fassade formen unzählige Steinchen ein monumentales Mosaik mit dem Titel »Aus dem Leben der Völker der Sowjetunion«. Das Café, einst Treffpunkt der DDR-Eliten, musste Mitte der 1990er Jahre schließen. Neuerdings dient es wieder als Club-, Veranstaltungs- und Party-Ort oder als außergewöhnliche Filmkulisse.

Gleich gegenüber kann man manchmal das Ergebnis sehen. Dort zeigt das **Kino International** ausgewählte Filme. Das ehemalige DDR-Premierenkino hat nach wie vor eine eigene Atmosphäre. 180 Bundestagsabgeordnete gingen kürzlich hier zusammen ins Kino und sahen sich »Good Bye, Lenin!« gemeinsam an. Je nach Herkunft soll allerdings an ganz verschiedenen Stellen des Films gelacht worden sein.

Der Radweg führt weiter geradeaus bis zur *Otto-Braun-Str.*
Wir folgen der offiziellen Radweg-Ausschilderung zum
9,3 km **Alexanderplatz** ⑭ nach li. (R1). Hier, am »Alex« (mit Bhf.),
endet die Tour. Jedoch lohnt noch ein Abstecher auf den **Berliner Fernsehturm**.

Der **Alexanderplatz** war das Zentrum der DDR-Hauptstadt. Noch heute schneiden sich hier die östlichen Hauptverkehrswege. Zentral vor den Toren der Stadt gelegen, war er schon in früheren Jahrhunderten einer der wichtigsten Handelsplätze Berlins. Der Krieg hatte sich hier besonders verheerend ausgewirkt. Nach der Teilung der Stadt wurde der Alexanderplatz zum Dreh- und Angelpunkt im Zentrum Berlins, Hauptstadt der DDR, ausgebaut. Neben den Kriegshinterlassenschaften wurden auch viele Altbauten für die sozialistische Umgestaltung des Zentrums aus dem Wege geräumt. Nur die modernen Bauten Peter Behrens im Stil der Neuen Sachlichkeit, das Alexander- und das Berolinahaus, blieben neben dem Bahnhofsgebäude erhalten. Östlich des Alex wuchsen in den 1960er Jahren die Betonriesen in den Himmel: das Haus des Lehrers, das Haus der Statistik, ein Bau für den Berliner Verlag und viele mehr. Eine Umgestaltung des Alex ist in Planung, doch ob die Wolkenkratzer wirklich gebaut werden, steht noch in den Sternen.

Mit 368 m ist der **Berliner Fernsehturm** das höchste Gebäude Deutschlands. Einst Symbol mit politischer Aussage im Herzen Ost-Berlins, ist er heute eine Landmarke, die Orientierung verschafft. Den besten Ausblick hat man natürlich von oben. In der verglasten Kugel befindet sich neben einem Aussichtsgeschoss auch das sich drehende Telecafé. Hier, in 207 m Höhe, kann man Kaffee trinkend Berlin an sich vorbeiziehen lassen (Berliner Fernsehturm Tel. 030 / 242 33 33).

Landmarke Fernsehturm

Tour 9

Entlang der Spree: Vom Zentrum zum Olympiastadion

Museumshafen - Regierungsviertel - Hansaviertel - Schloss Charlottenburg - Olympiastadion

Berlin ist aus dem Kahn gebaut, lautete ein Altberliner Sprichwort und verweist auf die lange Tradition der Binnenschifffahrt. Die Tour startet im Bezirk Mitte und folgt dem Lauf der Spree aus dem historischen Zentrum der Stadt bis vor die Tore Berlins. Es geht immer am Wasser entlang - Spree, Landwehrkanal und wieder die Spree stehen auf dem Programm. Dabei unterqueren wir ständig Brücken. Es heißt, Berlin habe mehr Brücken als Venedig. Das stimmt sogar, Venedig ist aber auch viel kleiner. Unterwegs kann man fast überall eine schöne Pause einlegen und die Stimmung genießen. Eine perfekte Tour für einen Sommer-Sonntag in der Stadt.

Bodemuseum

Start:	*S-Bahnhof Jannowitzbrücke*
Ziel:	*S-Bahn Olympiastadion*
Streckenlänge:	*ca. 18 km*
Wegbeschaffenheit:	*überwiegend kleine, verkehrsarme Straßen und z. T. unbefestigte Wege direkt am Wasser*
Sehenswürdigkeiten:	*Märkisches Museum, Museumshafen, Auswärtiges Amt, Zeughaus, Museumsinsel, Berliner Ensemble, Regierungsviertel, Kanzleramt, Haus der Kulturen der Welt, Schloss Bellevue, Ministerium des Innern, Schloss Charlottenburg, Olympiastadion*
Cafés/Restaurants:	*Coffee Shop im Auswärtigen Amt, Biergarten am Haus der Kulturen der Welt*

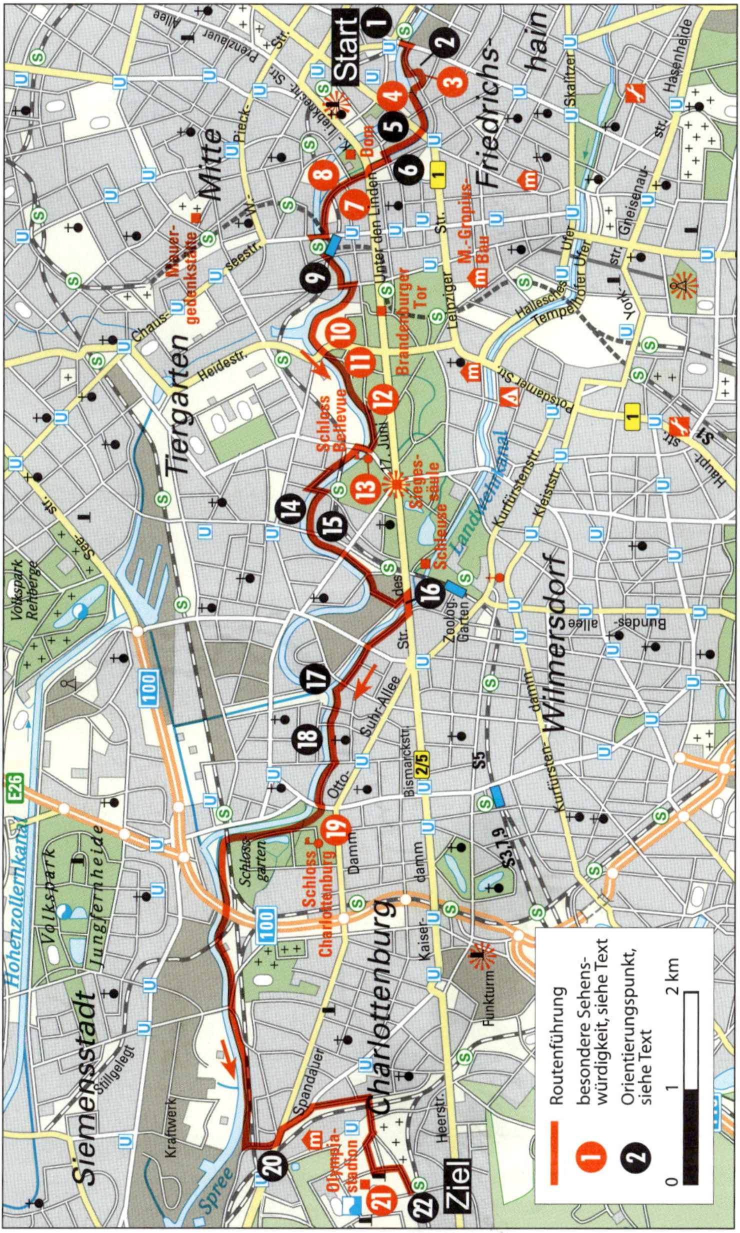
Start
Ziel
Mitte
Tiergarten
Friedrichshain
Wilmersdorf
Charlottenburg
Siemensstadt
Spree
Dom
Unter den Linden
Brandenburger Tor
Schloss Bellevue
Siegessäule
Schleuse
Landwehrkanal
Mauergedenkstätte
M.-Gropius-Bau
Schloss Charlottenburg
Schlossgarten
Olympiastadion
Volkspark Jungfernheide
Volkspark Rehberge
Hohenzollernkanal
Kraftwerk
Stillgelegt
Funkturm
Zoolog. Garten
Kurfürstendamm
Kaiserdamm
Bismarckstr.
Otto-Suhr-Allee
Spandauer Damm
Heerstr.
Heidestr.
Chausseestr.
Seestr.
Leipziger Str.
Potsdamer Str.
Hallesches Ufer
Tempelhofer Ufer
Kurfürstenstr.
Kleiststr.
Bundesallee
Hasenheide
Gneisenaustr.
Yorckstr.
Hauptstr.
Str. des 17. Juni
Routenführung
besondere Sehenswürdigkeit, siehe Text
Orientierungspunkt, siehe Text
0 1 2 km

Die Tour auf einen Blick:

Nr.	km	Beschreibung
1		**S+U-Bahnhof Jannowitzbrücke**, li. *Brückenstr.*, re. *Märkisches Ufer*,
2	0,15	**Chinesische Botschaft**,
3	0,3	**Märkisches Museum (Park und Bärenzwinger)**, davor li. *Am Köllnischen Park*, re. in *Köllnischen Park* mit Bärenzwinger, re. *Wallstr.*, li. durch Grünfläche zum Uferweg der Spree, li. *Märkisches Ufer*,
4	0,8	**Museumshafen**, re. Inselbrücke,
5	1,5	**Fischerinsel**, li. Uferweg, unter Gertraudenbrücke hindurch, li. *Gertraudenstr.*, Gehweg, re. Uferweg, *Friedrichsgracht*, Jungfernbrücke,
6	2,0	**Auswärtigen Amt**, li. über **Schleusenbrücke** (Breite Str.), re. *Unterwasserstr.* bis Schlossbrücke, *Unter den Linden*, geradeaus weiter auf *Am Zeughaus*,
7	2,3	**Zeughaus** (Deutsches Historisches Museum), bis zur Eisernen Brücke, *Am Kupfergraben*,
8	2,5	**Museumsinsel**, *Am Weidendamm*, re. *Friedrichstr.* über Weidendammer Brücke, li. *Schiffbauerdamm* am
9	3,4	**Berliner Ensemble** vorbei, li. *Luisenstr.*, re. *Reichstagufer* bis
10	4,2	**Regierungsviertel**, vor dem **Paul-Löbe-Haus** re. zum Spreeuferweg unter **Kronprinzen-** und Moltkebrücke zum
11	5,1	**Bundeskanzleramt**,
12	5,4	**Haus der Kulturen der Welt**, *Bettina-von-Arnim-Ufer*, re. *John-Foster-Dulles-Allee* bis *Paulstr.*, gegenüber
13	6,2	**Schloss Bellevue**, re. über Lutherbrücke, li. Uferweg der Spree zum *Helgoländer Ufer*, li. über Moabiter Brücke (*Kirchstr.*), re. Uferweg der Spree, gegenüber
14	7,0	**Bundesministerium des Innern**, weiter auf Uferweg, unter Lessingbrücke und Hansabrücke hindurch, parallel zum *Schleswiger Ufer* am
15	7,4	**Hansaviertel** vorbei, unter Wullenwebersteg hindurch, li. Weg bis *Englische Str.*, geradeaus, li. *Salzufer*, re. *Str. des 17. Juni* durch
16	8,7	**Charlottenburger Tor**, re. *Einsteinufer*, re. Uferweg des Landwehrkanals, Marchbrücke, Dovebrücke, bis zur
17	9,7	**Mündung in die Spree**, Uferradweg, Röntgenbrücke, Siemenssteg, gegenüber
18	10,5	**Kraftwerk Charlottenburg**, Caprivi-Brücke, Schiffsanlege-stelle Schloss Charlottenburg, Schlossbrücke bis
19	11,2	Garten von **Schloss Charlottenburg**, Uferweg durch Schlossgarten, Karpfenteich, Belvedere, Ausgang unter S-Bahn-Brücke, Laubenpieperkolonie Schleusenland, Rudolf-Wissel-Brücke, weiter auf Uferweg der Spree, Kolonie Spreewiesen, Tiefer Grund etc., Rohrdammbrücke, Uferweg, bis li. ansteigender Weg, bis
20	15,6	**Wiesendamm** li., über *Spandauerdamm* in unbefestigten Waldweg, re. *Reichsstr.*, re. *Westendallee*, re. *Olympische Str.*
21	17,8	**Olympiastadion**,
22	18,4	**S-Bhf. Olympiastadion** (Südtor).

Den **S+U-Bahnhof Jannowitzbrücke** ❶ verlassen wir durch den Ausgang Jannowitzbrücke. Wir überqueren auf der *Brückenstr.* die Spree, biegen re. auf das *Märkische Ufer*, passie-
ren die **Chinesische Botschaft** ❷ und fahren bis zu einem mäch- 0,15 km
tigen roten Backsteinbau, dem **Märkischen Museum** ❸. Da- 0,3 km
hinter erstreckt sich der Köllnische Park mit Bärenzwinger.

Das **chinesische Botschaftsgebäude** an der Spree war früher Sitz des Gewerkschaftsbundes der DDR (FDGB).

Der Köllnische Park umgibt das **Märkische Museum**, das Museum zur Stadtgeschichte Berlins. Im 17. Jh. lag hier eine Bastion der Stadtbefestigung. Wir fahren li. am Märkischen Museum vorbei in den Köllnischen Park, der auch als Freilichtausstellung fungiert. Im 1928 angelegten Zwinger tummeln sich drei mehr oder weniger muntere Berliner Wappentiere: die Braunbären Schnute, Maxi und Tilo. Am Ausgang des Parks in Richtung Wallstr. steht ein Bronzedenkmal für den Berliner Millieumaler Heinrich Zille.

Zille in seinem Millieu

Vom Bärenzwinger kommend verlassen wir den Park in Richtung *Wallstr.*, fahren re. und biegen auf der Höhe des Eingangs des Museumsgebäudes (Roland) li. durch die gegenüberliegende Grünfläche zum Uferweg der Spree, parallel zur **Brasilianischen Botschaft**, li. ab auf dem *Märkischen Ufer* gelangen wir zum **Museumshafen** ❹. Dahinter biegen wir re. und gelangen über die Inselbrücke zur **Fischerinsel** ❺.

Der Berliner **Museumshafen** beherbergt viele schwimmende Exponate. Über 20 historische Schiffe dümpeln im Spreewasser. Die Barkasse »Libelle«, der Dampfschlepper »Andreas« oder das Fahrgastschiff »Heinrich Zille« erinnern an die einst florierende Binnenschifffahrt, die die Stadt mit Baumaterial, Kohle, Getreide, Obst und Gemüse versorgte. Schon im 19. Jh. wurden auch Rundfahrten per Dampfer angeboten.

Auf der **Fischerinsel** wohnten bis zum ausgehenden Mittelalter vornehmlich Fischer- und Schifferfamilien. In der Neuzeit wurde die Insel immer stärker bebaut, verarmte und wurde schließlich im Zweiten Weltkrieg weitgehend zerstört. In den 1960er Jahren entstanden die 21-geschossigen Plattenbauten.

Gleich hinter der Brücke biegen wir auf den Fuß- und Radweg. Immer parallel zum Wasser erreichen wir die Gertraudenbrücke. Der Weg führt nun abwärts, unter der Brücke hindurch und wieder hinauf (Achtung, Gegenverkehr!). Oben angelangt fahren wir eine scharfe Linkskurve und schieben das Rad wenige Meter auf dem Fußweg der *Gertraudenstr.* Noch vor der Brücke biegen wir re. und gelangen auf dem Uferweg zur *Friedrichsgracht*. Dem Uferweg folgen wir weiter an der Jung-
2,0 km fernbrücke vorbei, passieren das **Auswärtigen Amt** ❻ auf dem anderen Ufer und erreichen die **Schleusenbrücke**. Hier fällt unser Blick kurz auf den Schlossplatz, den wir aber re. liegen lassen.

Die 1798 gebaute Jungfernbrücke ist eine der ältesten Berliner Brücken und wurde als Klappbrücke bis 1919 genutzt. Frisch saniert führt sie nun zum **Auswärtigen Amt**, das aus einem Alt- und Neubau besteht. Der Altbau, das ehemalige Reichsbankgebäude, war 1934 das größte Gebäude Berlins und bot ca. 5000 Mitarbeitern Platz. Aufgrund der soliden Bauweise überstand es von einigen Brandschäden abgesehen nahezu unbeschadet den Zweiten Weltkrieg und diente ab 1959 als Sitz des Zentralkomitees der SED. In den 1990er Jahren wurde beschlossen, den Bau zusammen mit einem Neubau für das Auswärtige Amt zu nutzen.

Auf der **Schleusenbrücke** überqueren wir den Kupfergraben. Vor dem Standort der Schinkelschen Bauakademie biegen wir re. und fahren auf der *Unterwasserstr.* zur Schlossbrücke. Wir überqueren *Unter den Linden*. Gegenüber setzen wir in der Str. *Am Zeughaus* die Fahrt fort, passieren das barocke

Zeughaus 7 (heute Deutsches Historisches Museum, s. Tour 1) und gelangen geradeaus auf die Str. *Am Kupfergraben*. Parallel zur **Museumsinsel** 8 (s. Tour 1) führt diese am Bodemuseum vorbei. Vor dessen Eingang endet die Insel, und Kupfergraben und Spree haben sich wieder. 2,3 km 22,5 km

Am *Kupfergraben* geht in *Am Weidendamm* über, der wir bis zur *Frie-drichstr.* folgen, dort re. ab über die Weidendammer Brücke und links ab in den *Schiffbauerdamm*. Am berühmten **Berliner Ensemble** 9 und der Kneipenmeile an der Spree vorbei gelangen wir zur »Ständigen Vertretung«, die gerne zu einem originalen Kölsch einlädt. 3,4 km

Die Spree an der Museumsinsel

Das **Berliner Ensemble**, ursprünglich »Theater am Schiffbauerdamm«, wurde maßgeblich durch Berthold Brecht geprägt. Heute steht Claus Peymann als Intendant hier für großes Theater. Gegenüber liegt der Bhf. Friedrichstr. Davor erinnert die ehemalige DDR-Abfertigungshalle, der »Tränenpalast«, an die Teilung Berlins. Da es heute ein Veranstaltungsort ist, gibt es dort häufig etwas zu lachen.

Schöne Aussicht für den Kanzler

Der *Schiffbauerdamm* mündet auf die *Luisestr.* Hier li. ab über die Brücke und gleich wieder re. auf das Reichstags-
4,2 km ufer weiter, erreichen wir das neue **Regierungsviertel** ⑩.

Die Bauten im **Regierungsviertel** (s. Tour) sind fast alle erst in den letzten Jahren neu entstanden. Nur die Natursteinfassade des **Reichstages** ist historisch.

Wir halten uns weiter parallel zur Spree und biegen noch vor dem **Paul-Löbe-Haus** re. direkt an das Spreeufer. Auf dem Uferweg fahren wir am Regierungsbau und der Kindertagesstätte vorbei und unter der **Kronprinzenbrücke** hindurch.

Die **Kronprinzenbrücke** wurde vom spanischen Stararchitekten Santiago Calatrava entworfen (1992-94) und besticht durch ihre geschwungene Stahlkonstruktion.

Geradeaus weiter auf dem *Ludwig-Erhard-Ufer* am Spreebogen entlang. Auf der anderen Seite sehen wir den neuen Hauptbahnhof Berlins und gelangen bald zur Moltke-
5,4 km brücke, passieren das **Kanzleramt** ⑪ und erreichen den Biergarten des **Hauses der Kulturen der Welt** ⑫.

Das **Haus der Kulturen der Welt**, in den 1950er Jahren als Kongresshalle errichtet, wird im Berliner Jargon »Schwangere Auster« genannt. Seit 1988 finden hier Aufführungen, Tagungen, Ausstellungen und Veranstaltungsreihen zu Gegenwartskulturen der Welt statt.

Weiter auf dem Uferweg, dem *Bettina-von-Arnim-Ufer*, gelangen wir zur *John-Foster-Dulles-Allee*, in die wir re. einbiegen und erreichen dann die *Paulstr.* Auf der anderen Seite der *Paulstr.* liegt das **Schloss Bellevue** (13). 6,2 km

Schloss Bellevue

Das klassizistische **Schloss Bellevue** ist heute der offizielle Amtssitz des Bundespräsidenten. Die dreiflügelige Anlage, ursprünglich als Stadtresidenz für August Ferdinand von Preußen 1785 bis 1790 errichtet, wurde im Krieg stark zerstört und später wieder hergestellt.

Der *Paulstr.* folgen wir re. über die Lutherbrücke. Danach biegen wir gleich wieder li. auf den Uferweg und folgen der Spree bis zum *Helgoländer Ufer*. Das führt uns zur Moabiter Brücke. Hier li. ab über die Brücke und gleich dahinter wieder rechts auf den Uferweg. Mit Blick auf das **Bundesministerium**
7,0 km **des Innern** ⓮ folgen wir dem Flussverlauf.

Das **Bundesministerium des Innern** befindet sich im Stadtteil Moabit auf dem Gelände der ehemaligen »Meierei Bolle«, einer Berliner Institution für die Milch- und Lebensmittelversorgung der Stadt. Ihr Gründer war der Unternehmer Carl Bolle, der von hier aus in den besten Zeiten 200 Verkaufswagen jeden Morgen starten ließ. Die denkmalgeschützte Meierei ist heute Teil eines Komplexes, deren auffälligstes Merkmal die zwei Türme des Bundesministeriums des Innern sind.

Auf dem Uferweg tauchen wir unter der Lessingbrücke durch. Linker Hand befinden sich die Hansa-Grundschule und die Menzel-Oberschule, beide gehören zum **Hansaviertel** ⓯.

Das **Hansaviertel** entstand in den 1950er Jahren im Rahmen einer Internationalen Bauausstellung (IBA), die hier neue Ideen ver-
7,4 km wirklichte. Die Berlin-typische Blockrandbebauung wurde hier bewusst aufgebrochen und frei stehende Baukörper mit viel Grün und Freiraum geschaffen.

Weiter am Wasser entlang führt uns der Weg schließlich unter dem Wullenwebersteg hindurch. Etwas später verlassen wir das Ufer und gelangen auf dem Weg zur *Englischen Str.*, in die wir einbiegen und das *Salzufer* erreichen. Hier biegen wir li. und nach wenigen Metern wieder re. auf die *Str. des 17. Juni.*
8,7 km Gleich hinter dem **Charlottenburger Tor** ⓰ und der Brücke biegen wir re. und gelangen auf den Uferweg des Landwehrkanals.

Das selbstbewusste **Charlottenburger Tor** und die Charlottenburger Brücke bildeten bis 1920 die Stadtgrenze zu Charlottenburg. Die Bogenbrücke fiel 1938 unter die Speerschen Hauptstadtplanung. Das Tor wurde getrennt und machte Platz für die neue monumentale Ost-West-Achse.

Auf dem Kanalweg passieren wir March- und Dovebrücke und gelangen zur **Mündung des Landwehrkanals in die Spree** ⑰. Wir folgen nun wieder dem Spreeufer unter Röntgenbrücke und Siemenssteg hindurch. 9,7 km Die Industriearchitektur verschiedener Stilepochen lässt sich gut am **Kraftwerk Charlottenburg** ⑱ ablesen. 10,5 km Wir passieren die Caprivi-Brücke und gelangen zur Schiffsanlegestelle Schloss Charlottenburg. Wenig später gelangen wir durch ein Tor (nur bis zur Dämmerung geöffnet) auf einen schmalen Weg, der uns unter der Schlossbrücke hindurch in den Park des **Schlosses Charlottenburg** ⑲ 11,2 km führt. Das Radfahren ist hier nicht gestattet.

Charlottenburger Schlossgarten: Schinkel-Pavillon

Schloss Charlottenburg ist nach dem Abriss des Berliner Stadtschlosses das bedeutendste Barockbauwerk Berlins. Es wurde Ende des 17. Jh. als Lustschloss für die Kurfürstin Sophie-Charlotte vom späteren König Friedrich I. in Auftrag gegeben und nach dem Tod der Königin 1705 nach ihr benannt. Im 18. Jh. stark erweitert, nahm es nach und nach seine heutige Gestalt an. Aufschluss über die Entwicklung und die Geschichte des Schlosses gibt die Ausstellung im Schlossmuseum. Das Schloss dient heute auch als Veranstaltungsort, beherbergt im ehemaligen Theater das Museum für Vor- und Frühgeschichte, Verwaltungseinrichtungen etc.

Der Schlosspark bietet sich für einen entspannenden Aufenthalt an. Sehenswert sind neben dem Schloss und seinen Museen das Belvedere, das Mausoleum und der Schinkel-Pavillon, der einst als Sommerhaus für Friedrich Wilhelm III. nebst zweiter Gemahlin errichtet wurde.

Der Uferweg führt am Karpfenteich und Belvedere vorbei zum Ausgang an der S-Bahnbrücke, unter der hindurch wir in die Laubenpieperkolonie Schleusenland gelangen. Ein schmaler Weg führt durch die Gärten zum Uferweg der Spree, unter der Autobahnbrücke hindurch und immer weiter an der Spree entlang. Es folgen wieder Kleingartenanlagen. Gegenüber liegt ein Musterbeispiel der Industriekultur, die Siemensstadt. Hinter der Rohrdammbrücke führt der Weg zunächst am Ufer weiter, biegt
15,6 km dann aber nach li. ansteigend auf den **Wiesendamm** ⑳, hier li. bis zum *Spandauer Damm*. Über die Ampelanlage geradeaus in einen unbef. Waldweg, leicht aufwärts bis zur Einmündung in die *Reichsstr.*, re. ab bis zur *Westendallee*, wieder re. bis zur *Olympischen Str.* Hier biegen wir re. und gelangen zum **Olympiastadi-**
17,8 km **on** ㉑.

Das Berliner **Olympiastadion** wurde bereits 1913 für die Olympischen Spiele von 1916 errichtet. Wegen des Ersten Weltkrieges fielen die Spiele aber aus, so dass sie hier erst 1936 stattfanden. Die Nationalsozialisten instrumentalisierten die XI. Olympischen Spiele und bauten das Gelände weitläufig aus. Das Stadion dient nun Hertha BSC und wird ein wichtiger Austragungsort bei der Fußball-WM 2006 sein. Der 1961 wieder hergestellte Glockenturm dient als Aussichtsturm.

Zur Rückfahrt empfiehlt sich der **S-Bhf. Olympiastadi-**
18,4 km **on** ㉒(Südtor).